『繫衆(けいしゅう)』の時代

森 一道

芙蓉書房出版

「繋衆」の時代　～分断と多様性の間にあるもの

目　次

序　章 -- 8
1　大衆社会の特異性　8
　（1）「社会」は政治・経済の従属変数か　9
　（2）「操作可能な経済」と「操作不可能な社会」　11
2　社会と政治・経済関係の逆転可能性　13
　（1）思想は社会的産物　14
　（2）国民統合の反転　17
　（3）自立する社会　20
3　〈知人〉が構成する繋衆社会　21
　（1）消失する距離感　22
　（2）本書のねらい　23

第Ⅰ部　市民社会から大衆社会へ

第1章　社会へのアプローチ -------------------------------- 26
1　〈1対1〉、〈1対多〉、〈多対1〉、〈多対多〉　31
　（1）「時間」への着目　35
　（2）受け手主導　41

2　〈1対1〉──インターパーソナル・コミュニケーションの根源性　45
　（1）即時空性・双方向性・特定性　45

（2）時空制約　49
　（3）マス・コミュニケーションとインターパーソナル・コミュニケーション　51

3　〈多対多〉——市民社会　54
　（1）市民社会と完全市場　57
　（2）「国家社会」としての市民社会　59
　（3）古典的リベラリズムと市民社会　64
　（4）データベースにおける〈多対多〉の処理　68

第2章　大衆社会とその変容——〈1対多〉から〈多対1〉へ　70
1　〈1対多〉——マス・コミュニケーションと大衆社会　70
　（1）大衆社会の不安定性　76
　（2）"全体性"の観念　80
　（3）マスメディアと全体性　84
　（4）"全体性"の理論化　89

2　〈多対1〉——ニューメディアと分衆社会　93
　（1）多様化する価値観への対応　99
　（2）サービスと技術の個人化　102
　（3）〈1対多〉の細分化と"グローバル・リジョン"　110

第3章　大衆社会の政治・経済思想----------116
1　修正資本主義（ケインズ主義）　119
2　全体主義（ファシズム）　120
3　無政府主義（アナキズム）　123
4　社会主義　123

第Ⅱ部　繋衆社会

第4章　繋衆社会の形成──〈多対1〉から〈1対1＋〉へ‑‑128
1 　〈1対1＋〉　132
　（1）未特定少数と「分断」　134
　（2）〈友人〉〈他人〉の消失　139
　　　消える他者／「親密圏」と「公共圏」／インティメイト・ストレンジャー
　（3）〈知人〉化現象　144
　　　いじめ／友だち嫌い／友だち親子／特殊詐欺／シェア／オタクの死
2 　プライバシーの公開　156
　（1）個人情報とプライバシー　157
　（2）保護されぬ「有名人」　162

第5章　繋衆社会の政治・経済思想‑‑‑‑‑‑‑‑‑‑‑‑‑‑‑‑‑‑‑‑‑‑‑‑‑‑166
1 　インターナショナル・エリティズム　172
2 　ポピュリズム　174
3 　ネットワーキズム　179
4 　原理主義　180

終　章 ‑‑184
1 　「市民社会モデル」の再考　187
　　集合知／ネットワーク／完全市場／レジリエンス／生物多様性
2 　「時間」の再考　197
3 　フィルターバブル　200
4 　全体性と弱者　203

5　繋衆社会と自然環境　206

あとがき　211

参考文献　219

「繋衆」の時代

序　章

1　大衆社会の特異性

　政治、経済、社会——。われわれが今日の世界を語る際に使う用語はおおむねこの三つである。並べる順序もおよそこの順である。このなかで政治と経済はその担い手や活動内容が比較的明瞭である。政治は政治家や有権者等であり、経済は担当大臣のほか、企業経営者、中央銀行や経済関連公官庁高官、労働者、そして生産者や消費者等である。「政界」、「財界」のほか、「政治力」、「経済力」という言葉も存在する。

　社会はどうか？「社会界」や「社会家」という言葉は日本語にはない。担い手についても、町内会長は「町のリーダー」だが、「町の指導者」では大仰にすぎる。英語には「socialist」という言葉があるが、それは定訳では「社会主義者」を意味し、社会主義という思想・理論を信じる人間の意味である。「社会人」という言葉はあるが、それは学生生活を終えた勤労者を指し、社会科学的な概念ではない。マスメディアでも、政治家や企業経営者はニュースの主役であり、固有名詞が連呼されるが、「社会人」は「街の人の声」や各種アンケートの回答者程度の扱いでしかない。「社会家」を造語するとしても、「社会家」がどんな人間か、いったい何をしている人間か、イメージすらわかない。「社会力」という言葉が通用するのはほとんど学術界、しかもごく狭い範囲にとどまる。

序　章

（1）「社会」は政治・経済の従属変数か

　社会科学のレベルにおいても、政治・経済が独立変数、社会が従属変数という因果関係、手段・目的関係がおおむね当然視される。より良い商品・サービス→所得増→社会の安定と繁栄、もしくはより良い政策→国民福祉の向上→社会の安定と繁栄という関係である。この関係は政治が経済的手段を用いて社会の安定と繁栄を実現する、と言い換えることもできる。社会問題が解決できないのは政治の失敗もしくは経済政策の誤り、そうでなければその両方だ、と理解される。これは経済学の政策科学化と言えるが、政策科学は19世紀の資本主義の発展と国民国家（民主主義国家）の形成、そして20世紀前半の普通選挙が代表する民主化の流れのなかで、確立した。たとえば世界恐慌後の1930年代の米国において、失業という大衆国家特有の「社会問題」の顕在化を受け、フランクリン・ルーズベルト大統領が実施した政策は、大規模な財政支出を伴うニューディール政策だった。同政策は経済的発展において政府の積極的な市場介入を説くジョン・メイナード・ケインズ（Keynes, John Maynard.1883～1946）の代表的著作『雇用・利子および貨幣の一般的理論』（1936年）の内容を先駆けて実践したものだった。同時期にはまたナチ党を率いるアドルフ・ヒトラー（1889～1945）が同様の経済政策を実施し、世界恐慌後のドイツが直面した高失業を含む経済的苦境からの脱却に成功した。その全体主義的な政策をケインズは高く評価した（武田，2009, p.256, 2010, p.216）。ファシズムを初めて理論化したイタリアのベニート・ムッソリーニ（1883～1945）は人口政策（これを「社会政策」と捉える向きもある）を重視した。

　これより半世紀ほど早く、マルクス主義もしくは唯物史観は、

社会、経済、政治の関係について、包括的で体系的な理論を打ち立てた。生産手段の所有関係が生産関係だが、その生産関係とともに下部構造を構成する生産力の増大に伴い両者は矛盾を来すようになり、階級闘争を経て社会変動が起こり、新たな生産関係が形成される。上部構造（政治や文化、人間意識等）はそうした下部構造に規定される。ただし、両者は弁証法的な関係にあり、上部構造も下部構造に一定の影響を及ぼす――。

ケインズ主義、マルクス主義のいずれにせよ、経済の従属変数として社会を位置づけるのが大衆社会の時代だったことは重要である。両者にとって大衆社会とはすなわち資本主義が全面化した不安定な社会であり、国民国家の庇護と支援なしには存続し得ない社会だ、というのが基本認識である。

一般に、近代社会は二つに分類される。市民社会（civil society）と大衆社会（mass society）である。日本では大衆社会（mass society）の後に、もしくは大衆社会の一部として「分衆社会」（segmented society）や「少衆社会」（同）を指摘する向きもある。そして大衆社会もしくは分衆社会の後のいわばポスト近代社会として、本書では「繋衆社会」（connected society）を加えたい。それは筆者の造語であり、文字通り「つながる社会」を意味する。

市民社会は絶対王政が動揺もしくは市民革命が打倒した17～19世紀前半の英、仏、米を主とする欧・米の社会を指す特有の概念である。当該社会で支配的な価値観の観点から見れば、宗教的価値観から資本主義的価値観への移行期に現れた。国王支配に挑戦する勢力へと成長したブルジョアジーが構成する資本主義都市社会を指すので、ブルジョア社会とも呼ばれる。ただし、後述するように、市民社会が理論的構築物としては成立しても、社会という名にふさわしい実体として存在したかは疑問

が残る。

　大衆社会は——後にもふれるが成立時期についてはいくつかの見方がある——19世紀半ば頃から、より明確には第一次世界大戦後から欧米、日本等で成立した、成熟した資本主義都市社会を指す。欧州では「身分制」や「資本家階級の社会」に挑戦する「労働者階級の社会」（mass society）を意味する場合があり、その解釈は主に英国で用いられる概念である「high culture」（高級文化）に対する「mass culture」（大衆文化）に対応する。階級社会の伝統のない、新大陸の新興国である米国では、大衆社会はおおむね「中間階級の社会」を指す。米国では「mass culture」は「大量生産・大量消費体制が生み出した文化」として否定的に捉えられる一方で、「popular culture」がより中立的な表現として語られる場合がある。その「popular」の語を借りて比喩的に言えば、特に米国で語られる大衆社会は「popular society」とでも表現可能な社会である。

　総じて見れば、そうした米国の中間階級の社会が、第二次世界大戦後の日本で日常的に用いられる「大衆社会」（mass society）のライフスタイルや自由民主主義のモデルになったと言える。大衆社会ではマスメディアが花開き、政治面では普通選挙に代表される大衆民主主義、経済面では大企業体制と大量生産・大量消費体制、社会面では義務教育などが生み出された。ナショナリズムも唱道された。それら政策は国民統合の手段とも重なった。

（2）「操作可能な経済」と「操作不可能な社会」

　大衆社会において、経済政策を通じた社会問題の解決が政治の成立と目的とされた理由はおそらく、次のようなものである。

　ケインズ主義にとって、大衆社会を基礎に成立する国民国家

は政治、経済、社会に分解可能である。大衆社会は不安定だが、社会は本質的に自然的な（あるがままの）存在なので、政治が社会に直接的に介入することはできない。

　国民主権という民主主義の原理が内蔵された近代国家において、この制約はさらに鮮烈である。国民全体を完全に監視しその言動を機械を制御するかのように一元的かつ完全にコントロールすることは技術的に不可能であり、倫理的にも容認されない。

　また、社会の唯一の「目標」は安定、つまり平和、安心・安全の確保、一定の衣食住レベルの維持等だろうが、社会内部にそれらの実現メカニズムは見出し難い。「社会のリーダー」が存在せず、社会それ自体にヒエラルキーがないのもそのためである。種々の中間集団があり、そうした集団には責任者が存在するが、「社会界のリーダー」とは異なる。

　こうして政治は社会を安定化させるべく経済的手段を用いようとする。しかし、その経済も完璧ではない。その不完全性は大衆社会においては「市場の失敗」と呼ばれる。これに対しても政府が介入し完全化を図ろうとする。こうして社会の諸問題は、市場の失敗の克服をはじめ、政治が操作可能な経済を通じて解決する、という関係がつくられる。全体としてライフスタイルや価値観が均質的な大衆社会を基礎に成立しているので、政治権力による「社会外部からの一元的・一括的操作」が可能であるのも、国民統合が進んだ国民国家の特徴であり、社会への間接的な政治介入の動機づけとなる。

　ケインズ主義はこのように政治に強い信頼を寄せる近代主義の代表的な思想でもある。「自然的な社会」や「法則的だが失敗もする経済」に対し、政治は作為的で、原理的には完璧なものである（丸山, 1983, p.406）。従って、政治家には高い職業意

識・倫理が求められる。

　大衆社会の政治には社会の安定確保という大目標がある。具体策遂行の実働部隊として指揮命令系統が存在する。ヒエラルキーの上位には国の最高指導者や党首、地方公共団体の首長などのリーダーが君臨する。彼らは選挙によって選ばれ、その権力は選挙によって正当化される。さらに言えば、大手企業の責任者は「財界リーダー」であり、政界リーダーと緊密な関係を保つ。国民には政府の監視を主とする強い市民意識を求める。ケインズはそれらが達成できれば安定的で豊かな社会は比較的簡単に実現できると考える。

　これに対し、マルクス主義においては資本主義国家特有の経済の権力性こそ社会不安定化の根本要因である。社会の安定には資本主義社会(大衆社会)そのものの打破が必要であり、その手段として大衆(プロレタリアート)自らによる社会の力の解放(階級闘争)を説く。

2　社会と政治・経済関係の逆転可能性

　しかし、社会は、政治・経済と比べて過小評価、もしくは政治・経済は社会に比して過大評価されてきたのではないだろうか？

　社会的要因は政治・経済の諸制度に先立つという診断は、途上国の観察において明瞭である。長らくアフリカ中南部の最貧国を研究するポール・コリアー(1949〜)によれば、「最底辺の10億人の国々」は、しばしば国際社会が「途上国援助」と称してそうするように、民主主義(普通選挙)制度を整備するだけでは機能せず、むしろ社会を混乱させるだけに終わる。不正・腐敗・汚職の常態化、さらに紛争等に対し、公正・平和裏

に選挙を実施し、選挙結果を厳粛に受けとめ、政府を組織し、政府がアカウンタビリティー（正統性）と治安維持（安全保障）などの公共財を供給し、国民がそうした政府を監視するなどの価値観や行動様式が当該社会にはない。先進諸国で検証済の諸制度を移入するのは容易だが、まったく定着せず、むしろ社会を不安定化する（コリアー, 2008, p.319, コリアー, 2010, p.318）。こうした国々では市場経済の発展も難しい。財産私有を制度化し、競争環境を整備するだけでは市場経済を機能させることはできない。

（1）思想は社会的産物

　先進資本主義諸国では、社会の政治・経済への働きかけは「主権」の問題であり、制度的でもある。政治面の「国民主権」、経済面の「消費者主権」がそれである。主権行使の代表的な方法は、対政治では選挙、対経済では労働者や消費者、預金者・投資家等としての市場参加である。そうでなければ街頭示威行動や不買運動等がある。

　社会の政治・経済への関与は選挙や市場参加だけではない。大衆民主主義国家の政治・経済は社会にも強く補完されるがゆえに、うまく機能しているという思惟はもはや常識である。政治・経済では供給できない人間本能的とも言える無償・無私の共助や信頼の意識、種々の情報等である。具体的には、各種ボランティア活動はもちろん、PRはしても企業自らやマスメディアでは伝えない、口コミを通じた商品やサービス、事業者の評判、さらに経験を通じてしか得られない育児や躾に関する多様なノウハウ等きわめて多くの生活情報である。

　日本は2001年の9.11テロ以降、市中からゴミ箱をほとんど撤去したが、それでも街が清潔に保たれているのはなぜか？　日

本の鉄道の運行の定時性は世界最高水準と評されるが、それが実現できるのはなぜか？ いずれも、日本人や日本社会に埋め込まれた価値観に由来するものとの説明が説得的である。すなわち、政治・経済の諸制度は、社会による補完なしにはまったく機能しないとすら言いうる。

　また先にふれた唯物史観も実は、「社会」が歴史を動かす根本動因のようにも解釈できる。唯物史観では、生産力がその社会において完全に発揮される時、生産関係との間で矛盾が最大化し、社会変動が起こる。しかし、なぜ生産力が増大するのか、生産力はどのようにして極大化するのかの説明はない。マルクス主義では史上最初の階級社会として「アジア的生産様式」、そして「古代的生産様式」、「封建的生産様式」、「近世ブルジョア的生産様式」などの生産様式が提示されるが、この「生産様式」を「社会」（マルクス主義では社会はすべて階級社会）と読み替えれば、それら「社会」には人間が持つ創意工夫の能力や技術・技能等の「情報」が含まれると考えられる。『資本論』の出版から約100年余り後だが、1980年代後半にそうした情報について、非マルクス経済学である経済成長理論の内生的成長モデルは「ラーニング・バイ・ドゥーイング（learning by doing)、つまり経験を通じた学習による生産性向上、継続的な経済成長を実現する社会的なプロセスとして説明した。人間は生存のため自然と他者に働きかけ技術・技能、ノウハウ等を学習する。そうして蓄積された総合的な情報力が生産力を増強する。そしてその生産力が最高度に達すると「社会にとって最も重要な社会的関係である生産関係」との間に矛盾が生じ、階級闘争を経て、新たな社会が誕生する。すなわち、マルクス主義の理論においても、社会＞生産力、つまり生産力は社会に包含されるという不等式が成り立つのではないだろうか。

カール・マルクス（1818〜83）は30代に入り、その労働運動や社会主義活動から欧州を転々とせざるを得なかったが、その時代は資本主義が欧州社会を覆う大衆社会の創成期だった。マルクスとフリードリヒ・エンゲルス（1820〜95）が『共産主義者宣言』（『共産党宣言』）を英国で刊行した翌1849年、革命（1848年革命＝「諸国民の春」）後の反動による母国での弾圧を避けマルクスは英国に渡った。彼が改めて目撃したのは労働者＝マス（masses）が過酷な条件で働くことを強いられた、階級社会の伝統のうえに生成していた大衆社会（mass society）、つまり「近世ブルジョア的生産様式」だった。その体験を基に『資本論』が書き進められ、1867年に第一部が刊行された。彼が目にしたのがもし階級社会の基盤がなく、ゴールドラッシュに夢を膨らませた米国の大衆社会（先の比喩的表現を繰り返せば「popular society」）の創成期であれば、『資本論』が生まれていたか疑問である。

　『共産主義者宣言』は共産主義の目的と見解を初めて明らかにした、ロンドンで1847年6月に結成された国際秘密結社「共産主義者同盟」の綱領である。同書が出版（1848年2月）された時代、労働者＝マス（masses）は自らの不遇に対し抗議の声を上げる習慣を身に付けつつあった。その背景には出版、読書の大衆化（香内, 1991, pp.179-183）や「綱領」を手にした労働運動における組織化等があった。

　『資本論』の独語の「第一部」初版の発行部数は1000部であり、多くないように見えるが、徐々に版を重ね、各国語にも次々と翻訳され、一説では今日、『共産主義者宣言』などエンゲルスとの共著と併せ、世界三大出版物（『聖書』、『星の王子さま』、『資本論』と『共産主義者宣言』等）の一つに数えられるようになった。また、マルクス自身もその思想形成の途上で

アダム・スミス（1723〜1790）やデヴィッド・リカード（1772〜1823）の著書を研究した。すなわち、母国語による出版、母国語に基づく国民の形成（ベネディクト・アンダーソン, 1987, p.297）、書店等を通じた大規模な書籍の流通、読書の大衆化、組織的な社会主義活動、労働運動の展開等は、世界（少なくとも欧州）共時的な大衆社会の成立なしには存在し得ない。社会主義思想とその思想家そのものが社会的、とくに大衆社会的産物なのである。

（2）国民統合の反転

　ならば、大衆社会が変容すれば、どのような政治・経済体制が立ち現れるのか？　近年の日本の政治・経済の「停滞」は、新たな社会に見合った政治・経済体制を構築できていない、そうした変化を嫌う旧勢力が旧体制にしがみついていることが原因だ、と考えることはできないだろうか？　いや、日本の政治・経済の「停滞」とされる姿は、実はそうした新たな社会がつくり出した新たな政治・経済の姿そのものかもしれない。そして旧体制である大衆社会の諸制度に固執する守旧派が、自己保身や言い訳で「停滞」などと言っているだけなのかもしれない。新たな社会は、社会の不足・失敗を、政治・経済に頼らず、自らで矯正する再秩序化メカニズムを内蔵しているかもしれない。そうだとすれば、守旧派が執着する政治・経済の諸制度、そしてそのリーダーらも不要ということになる。

　既述の通り、本書では大衆社会の後に現れつつある、と考えられるそうした新しい社会を繋衆社会と呼ぶ。繋衆はどのような人間群なのか、繋衆社会はどのような特徴を持っているのか、どんな政治・経済体制を構築するのか、そうした政治・経済体制はどのような国際社会を形づくるのか？

繋衆社会の生成は1970年代にさかのぼる、と考えられる。この頃から政治・経済→社会という因果関係、手段・目的関係の自明性が揺らぎ始めた。例えば、所得がある程度の水準に達すれば、それ以上に増えても幸福感は高じないとする「幸福のパラドクス」（イースタリン・パラドックス）の研究成果が1974年に発表された。OECD（経済協力開発機構）の資料によれば、2020年までの20年間に日本の実質賃金はほとんど上昇しなかった。また世界銀行のデータによれば、1990年から2019年までの実質年収は日本が唯一、ほぼ横ばいにとどまった。しかし、自身を中流と感じている人の割合はほぼ変わらず、幸福感も一定水準を推移した。さらに、フェイスブック（Facebook）、インスタグラム（Instagram）、エックス（X。旧ツイッター＝Twitter）等のSNS（Social Networking Service）は、いずれも米国で開発されたが、その普及は先進諸国にとどまらず、途上国を含む全地球規模であり、その普及の時期やそのペースにほとんど差はない（絶対的な普及の程度は所得の少ない途上国においてより低い）。これは経済（所得の多少）と社会（情報発信や人間関係の志向性）の有り様は無関係、少なくとも経済が社会を規定するという一方的な相関関係を否定するものではないだろうか？　事実、経済学はすでに社会的要因、つまり市場外部性を無視しては成り立たなくなっているのではないだろうか？

　経済が社会を規定する、そして政治の経済政策が社会の安定と繁栄をもたらす、という相関関係の動揺について、そもそも経済と社会の間に完全な相関関係がなかったのか、それとも従属変数とされてきた社会、正確には大衆社会が変容し、両者の相関関係に何らかの問題が生じたのか、経済そのものが変質したためなのか、失政のせいなのか、さまざまな理由が考えられ

るだろうが、そもそも相関関係がまったくない、と考えるのは難しい。また、政治・経済・社会の三者が相互に影響し合うと考えるのも当然と言える。しかし、政治・経済の諸制度を規定するのが社会であり、その社会が変容すれば政治・経済の諸制度も変化する。そして今、大衆社会から繋衆社会への移行が進行中ではないか、というのが本書の問題意識である。人々の価値観が多元化し、社会の均質性、より正確に言い直せば、社会を構成する多数者が同一情報を同時に受け取り、同一の解釈を同時に行い、同一のアクションを同時に起こすという前提が崩れ、国家と社会(大衆社会)の間に「隙間」が拡がれば、国民国家を単位とする代議制民主主義やマクロ経済政策など、大衆社会の基盤の上に築かれる諸制度や概念そのものの有効性が揺らぐ。

この事態を「国民統合の逆転現象」(国民国家から大衆社会へ、大衆社会以前の何らかの状態へ)とみることもできる。こうした逆転を起こす契機が繋衆社会化だとすれば、姿を現す繋衆社会においては、政策・諸制度は抜本的な発想転換を迫られるだろう。

資本主義国であれ社会主義国であれ、先進国であれ途上国であれ、公共性に縛られる大衆民主主義国家は国民(=大衆全体)に一元的、同質的なサービスの提供しかできないが、これに対し多元化社会では、社会自らに様々な社会問題を解決させるアプローチが有効性を増す。専門性や越国境性を特徴とするNGO、NPO、各種ボランティアなどの興隆、それらに対する公的支援の拡充等がその象徴例である。また、保存がきかず「その場その時に需給が完結」する多様性が特徴のサービス産業の振興策もその一例だろう。サービスでは、少なくとも論理的には無限大の需給の組み合わせが考えられるので、大量生産

（規模の経済性に基づくコスト削減・価格引き下げ）に最適化される大企業ではなく、多種多様な需給の質的一致を柔軟に実現しうる個人・零細企業の存在感が増す。さらに、ソーシャル・キャピタル（社会関係資本）の形成を促すべく、人間の直接的な接触機会を増やすコンパクトシティ型の都市計画がしばしば言及されるのもその一例と言える。

（3）自立する社会

このように「ポスト大衆社会」の時代においては、国家（政治）が「国民」もしくは「国民社会」（国民統合された大衆社会）を俯瞰的に操作する経済政策の有効性は減じ、代わって多様性を収容する社会それ自身が持つ秩序形成・維持能力を発揮させる方法論が求められると言える。そのためには社会の秩序形成メカニズムをその歴史的変遷を含め考察し、新たな社会－政治・経済関係を見出す作業が必要になる。大胆な規制緩和を進める1970年代以来の自由主義的思想潮流は、民間活力（市場活力）を通じた経済再生の文脈において理解されがちだが、「小さな政府」を是とする点で、社会に潜在するメカニズムを見出す作業においてもプラス条件となる。実際、社会が内在する秩序形成能力に注目する論考が近年、増加している。それは例えば、上述のNGO・NPO、ボランティア、サービス産業をはじめ、ボランタリー経済、レジリエンス、ソーシャル・キャピタル、移民社会、SNSを含む人のつながり、ウェブマーケティングなどに関する考察である。そうした新たな人間関係や「ポスト大衆社会」論、さらにはポスト資本主義、ポスト社会主義論、ポスト・リベラリズム論についての論考は、代議制民主主義や公共政策、さらに人民独裁などを主要な社会秩序形成・維持手段としてきた国民国家、大衆国家の在り方を問い直

す重大な意義をはらむに違いない。

　新たな概念の定着や職業の台頭もこうした歴史的変化を示す。上述の通り、「社会家」という言葉は存在しないが、「社会活動家」(social activist) という言葉は日本でも市民権を得つつある。NGO・NPO職員やボランティアなどは、報酬の有無を問わず「社会活動家」として認知・評価されるようになっている。今後、「社会活動家」が意味する仕事・活動がさらに増大してゆくのは間違いない。ただし、「社会活動家」が政治家や会社社長のような制度的・職業的・専門的リーダーへと変質するのか、サービス産業の一部として収容されてしまうのか、さもなくばヒエラルキーの上位に立つ政財界のリーダーとは異なるリーダーのモデルを示すのか、注視すべきであろう。

3　〈知人〉が構成する繋衆社会

　繋衆社会について、「知人」という言葉を新たに意味づけし、〈知人〉の集まりを繋衆と呼び、〈知人〉が構成する社会を繋衆社会と定義する。〈知人〉とは、ある人間にとって〈友人〉とも〈他人〉とも言い難い、距離感覚においてその中間に位置する抽象的な人間像を指す。今日の社会を繋衆社会と呼称するのは、世紀が変わる2000年前後から〈友人〉と〈他人〉の輪郭や境界線がぼやけることで大衆社会が溶解し、代わって〈知人〉から構成される繋衆社会が姿を現しつつある、と考えられるからである。

　大衆社会においては、友情という特殊な感情を含め何らかの理由で相当に近しい他者を〈友人〉、消去法でしか表せない残余の他者を〈他人〉と呼ぶ。その違いは自身の主観的な距離感、遠近感の違いである。近い他者が〈友人〉、遠い他者が〈他

人〉である。遠近の差が生じるのは、他者の世界が均質空間だからである。均質的な他者の大海に、少数の異質な〈友人〉が比較的近距離に点在する、というのが大衆社会の見取図である。〈他人〉が圧倒的多数を占める大衆社会に対応して、代議制民主主義（間接民主主義）や大量生産・大量消費などの政治・経済体制が構築・維持される。

（1）消失する距離感

　これに対し〈知人〉は、潜在的、可能的に他者のすべてを指す。つまり、自身を取り囲む他者のすべてが等距離に存在する。等距離であるのは他者世界の均質性が崩れることで相互に異質な人間がそこかしこに浮遊する、と感じられるからである。知人化した他者について、結ばれているとも結ばれていないとも、未知とも既知とも感受される。信頼できるようで信頼できない、逆に信じられないようで信じられるとも感じられる。そのような感覚をすべての人間が常態的に持つ、遠近感のないフラットな社会が繋衆社会である。SNSはまさにこの繋衆社会を基に成立すると言える。フリマ（フリーマーケット）やシェアビジネスなどの新たな取引形態が成立する背景も同じだろう。隣席の人間ともメールでやり取りするスマホが普及した時代状況は、等距離的人間関係を象徴する。隣人も地球の裏側も、上司も部下も、遠近感や序列の欠けたネットワークの結節点（node＝ノード）にすぎない。PC（パーソナル・コンピューター）と異なり、スマートフォンでは身体との物理的距離も皆無に等しい。無数の〈他人〉に囲まれ、そのなかで比較的距離が近い人々を「友人」と呼んで特別視した時代は終焉を迎えつつある、と言うのがふさわしい。

　他者の〈知人〉化を分析的に見れば、〈友人〉と〈他人〉の

境界が曖昧化することで、〈他人〉は距離感において〈友人〉に近づく。それにより〈友人〉は相対化され、〈他人〉化が進む。他者の世界から遠近感が失われ、他者は〈友人〉でも〈他人〉でもない、〈知人〉に入れ替わる。〈友人〉と〈他人〉の差異が曖昧化すれば、公共観念や国民意識は希薄化する。大衆社会はその安定維持において、「平等イデオロギー」（本書ではこれを「全体性」とも呼ぶ）を生産・再生産する「マス・コミュニケーション体制」を必要とするが、繋衆社会は生身の人間の身体そのものが内蔵する力で社会秩序を形成・維持できる可能性を秘める。そうした意味で繋衆社会は、もはや大衆社会の最大の外延である国民国家という枠組みとその全体性を喪失した、人間の無数の自主的つながりが並列するだけの「偽社会」と捉えることもできる。その意味において鮮烈なる「分断社会」でもある。そのような「社会」に対して政治や経済はどう対応するのか──。これが本書の最大の問題意識の一つである。なお、後にもふれるが、「マス・コミュニケーション体制」とは大量複製品の同時送達体制を指す。大量生産された、つまりマスメディアを含む大量に複製されたメディア[モノ＋情報]が、人々の間で同時共有されることで社会の安定が達成・維持される体制を言う。

（2）本書のねらい

本書のねらいを整理すれば、次の通りである。

経済的土台が政治・社会や人々の意識を規定する、もしくは経済政策を手段とする政治が社会を安定化させる、という考え方が社会科学では一般的だが、むしろ社会が政治・経済の有り様を決める。社会については、コミュニケーション（情報共有）の形態に基づいて成立する人間関係の総体と捉える。換言すれ

ば、社会について、情報の流れや情報流通の規模に従い人々が結びつく一個の特徴を持つ人間群と理解する。そうした社会は近代において、市民社会、大衆社会へと変化し、さらに繋衆社会へと移行しつつある。そのようなコミュニケーションの形態の変容、つまり社会変動の要因については、人々が求める人間関係の様態の変化と捉えたうえで、その変化する欲求に応対すべく必要なコミュニケーション技術が開発され普及し、そうした欲求を満たすことで一定の秩序を有する当該社会が形成・維持される、と考える。つまり、コミュニケーションやメディアの技術が社会の有り様を決める、という技術決定論には与しない。新聞が市民社会を、ラジオや全国紙、テレビが大衆社会を、インターネットが繋衆社会をつくるのではなく、新たな人間関係を欲する人間の出現が新たな技術を生み出し、普及させ、新たな人間関係を基に社会が形成される、と考える。

　それぞれの社会はその社会に典型的に見られる情報の送り手と受け手の関係に従い、〈多対多〉、〈1対多〉、〈1対1＋〉（いち・たい・いち・ぷらす）と表現できる。その理論的枠組みに基づいて、それぞれの社会を分析し、そのうえでそれぞれの社会を基礎として出現した経済や政治の特徴を検討する。人々が求めるコミュニケーションの形態もしくは社会は、数十年から数百年の幅で質的な変容を遂げてきたと考えられるが、ならば今日の繋衆社会はどのような社会なのか？　繋衆社会として理解するのは妥当だろうか？　妥当だとすれば、その社会を基にどのような政治・経済の姿を描くことができるのか？

第Ⅰ部　市民社会から大衆社会へ

第1章　社会へのアプローチ

　社会に対してどうアプローチすべきだろうか。われわれが今日、日常会話で言及したり、研究対象にしたりする先進諸国や先進諸国水準に近づきつつある途上国の社会は、おおむね大衆社会を指す、と言ってもよいだろう。その大衆社会に加え、16世紀以降の近代社会の分類ではもう一つ、市民社会も挙げることができる。本書では筆者の問題意識に従い、これらに分衆社会と繋衆社会を加える。ただし、今日の我々が、19世紀後半〜20世紀末の時期ほど明確ではないが、なお大衆社会の枠組みの中にいると考える論者もいるだろうし、すでに枠組みそのものが繋衆社会に移行しつつある、と考える論者もいるだろう。言うまでもなく、本書は繋衆社会に移行しつつあるとの立場をとる。

　近代社会学は19世紀末に誕生したが、社会へのアプローチは大別して二つあった。社会実体論（social realism）と社会名目論（social nominalism）である。前者は社会は個人に還元できない何ものかで、個人は社会に拘束される。それは例えば、エミール・デュルケームの集合表象説である（E・デュルケム, 1978, p.302）。後者は、社会は単に個人の集合体であり、「社会」とはそれらに付けられた名称にすぎない、と考える。個人を超越する絶対的価値を認めたヨーロッパ中世の伝統から「実在」と「名目」の対立構図は少なくとも1970年代まで思想界の一大テーマだったが、意外と言うべきか、政界では今なお大きな主題

第1章　社会へのアプローチ

であり続けている。

　戦後英国の福祉国家路線を批判し、自由主義（新保守主義）に舵を切り、金融立国へと蘇生させたなどと評される保守党のマーガレット・サッチャー元首相は1987年、「社会というものはない（there is no such thing as society）。あるのは個々の男たちと女たち、家族だ」と述べた。同じ英国保守党のボリス・ジョンソン元首相は新型コロナウイルスに感染し自己隔離中だった2020年に発表したビデオメッセージで、感染症と闘う医療関係者と市民に感謝しつつ「社会というものがまさに存在する（there really is such a thing as society）」と語った。「ステイ・ホーム」と繰り返す以外、何もできない政府に対し、無私の精神で連携して他者を救おうと闘う市民と公共セクター、それこそが社会だと称賛したのである。他方、中世を持たない米国や1980年代以降の欧州では両者が結びついた考え方もある。個人の相互作用（コミュニケーション）が規範・制度をつくり、個人を拘束するようになるが、規範・制度は永続的なプロセスの一つの段階を指すに過ぎず、コミュニケーションを通じて不断に更新される。そのような相互作用というプラグマチックな考え方に立てば、実体論か名目論か、個人か社会か、私利か公利か、は有意義な議論とは言い難い。上に紹介したジョンソン英国元首相の言葉は、社会はむしろ相互扶助というコミュニケーションで構成される旨を表したもの、と理解するのがふさわしいかもしれない。

　コミュニケーションに着目したのは主に社会名目論者である。それは恐らく、中世の影を払拭しつつあった18世紀後半から19世紀にかけて、それまでにない流動的な都市社会の生成を目の当たりにしたからである。例えば、仏の社会学者であるシャルル・マリー・ギュスターヴ・ル・ボン（Le Bon, Charles-Marie

Gustave. 1841〜1931）は19世紀末の社会にインターパーソナル・コミュニケーション（口コミ）のみに依存する、「非合理的で煽情的な群衆」を見た（ル・ボン, 1993, p.301）。これに対し、同じく仏の社会学者のジャン・ガブリエル・タルド（Jean-Gabriel de Tarde, 1843〜1904）は同じ時代状況において、マスメディアから情報を得る、「科学的で合理的、理知的な公衆」に期待した（タルド, 1964, p.266）。両者のこうした相反する観察や分析の背後にあるのは、資本主義化（大企業による大量生産、商品の低価格化、賃金労働者による大量消費）が進むなかで生成した大衆社会が内包するコミュニケーション行動の二面性である。大衆は――体験を主題とする対話ではなく――マスメディアが流布する未知の政治家、新製品、出来事等を話題にして「口コミ」（おしゃべりを含む口頭でのコミュニケーションの意味で、インターパーソナル・コミュニケーションと同義。以下同じ）に花を咲かせるようになるが、マスメディアはそうした情報流通そのものによって相互に〈他人〉で、流動的で、おおむね遠隔の個人を均質化し、秩序化する。

　このようなマス・コミュニケーションとインターパーソナル・コミュニケーションの対比、その評価、優劣に基づいて政治、経済を論じるのは、〈他人〉が圧倒的多数を占める大衆社会特有のものと言える。経済人類学者のカール・ポランニー（Polanyi, Karl. 1886〜1964）は「経済が社会に埋め込まれている非市場経済」の取引形態として「互酬」と「再分配」を、「経済が社会から離床した市場社会」では「交換」を挙げた（ポランニー, 1980a, p.427）。前者はインターパーソナル・コミュニケーションに、後者はマス・コミュニケーションに対応するものと言える。ポランニーはまた、17〜20世紀前半を対象に、社会的制度からの経済システムの切り離しを肯定する思想を

第1章 社会へのアプローチ

「経済主義的分析」とし、他方、そうした事態を阻止するような思想を「社会学的分析」と呼び、その分析家を歴史的に「社会学的分析者」、「経済主義的分析者」、それらの「過渡的な分析者」、さらに「最初の総合者」に分けて論じた（ポランニー, 1980b, pp.528-555）。「過渡的な分析者」はアダム・スミスであり、「最初の総合者」はマックス・ヴェーバーである（図表1）。興味深いのは「社会学的分析者」は米国に、「経済主義的分析者」には産業革命後の英国に多いことである。ヴェーバーは独である。

英国については、それが階級社会であり、政治・経済はエリートがその設計図を描き、アップダウンで大衆社会（労働者の社会）を指導し、展開するものとの思想が根付いているためと言える。中間層の社会という意味での大衆社会を持つ米国は、国家・社会・個人の間に隙間がない、もしくは政府・企業・マスメディア・国民が段差なくつながる、いわばマス・コミュニケーション＝「国家大のインターパーソナル・コミュニケーシ

図表1：ポランニーの分類～社会学的分析と経済学的分析

【社会学的分析】	【過渡的分析者】	【経済主義的分析】
シャルル＝ルイ・ド・モンテスキュー（Charles-Louis de Montesquieu、仏、1689-1755）	フランソワ・ケネー（François Quesnay、仏、1694-1774）	ジョゼフ・タウンゼンド（Joseph Townsend、英、1739-1816）
ヘンリー・C・ケアリー（Henry Charles Carey、米、1793-1879）	アダム・スミス（Adam Smith、英、1723-1790）	トマス・ロバート・マルサス（Thomas Robert Malthus、英、1766-1834）
カール・マルクス（Karl Marx、独、1818-1883）		デヴィッド・リカード（David Ricardo、英、1772-1823）
グスタフ・シュモラー（Gustav von Schmoller、独、1838-1917）		カール・メンガー（Carl Menger、墺、1840-1921）
フランツ・E・リスト（Franz Eduard von Liszt、独、1851-1919）		
ヴェブレン（Thorstein Bunde Veblen、米、1857-1929）	【最初の総合者】マックス・ヴェーバー（Max Weber、独、1864-1920）	ルートヴィヒ・H・E・ミーゼス（Ludwig Heinrich Edler von Mises、墺、1881-1973）

出所）ポランニー, 1980b.

ョン」という体制が歴史的に構築・維持されているためと考えられる。ニューディール政策はそのそうしたボトムアップ型の経済・社会政策として実施され受容されたと言える。大陸ヨーロッパの独は伝統的に、中間集団や文字通りのインターパーソナル・コミュニケーションへの信頼が強い。その社会的基盤が大衆社会化（資本主義経済）と第一次大戦により崩れたとの省察を持つ。社会と経済、もしくはインターパーソナル・コミュニケーションとマス・コミュニケーションの関係はつねに一定の緊張感をもって考察される。

　ポランニーは身体的にコミュニケーション（取引）が営まれる非市場経済（「経済が社会に組み込まれている非市場経済」）をより共感をもって論じた。独のユルゲン・ハーバーマス（Habermas, Jürgen. 1929～）は16～18世紀のヨーロッパ社会を検討し、新聞と口コミ（討議）が市民社会を形成したが、資本主義が全面化した大衆社会ではマスメディアとテクノクラートによる支配が進み、市民社会を支えた民主主義は形骸化する。従って、生活空間のなかで対話を進めれば、相互理解に到達し、公共性を再構築することができる。それが「対話的理性」である、とインターパーソナル・コミュニケーションに期待を寄せた（ハーバーマス, 1973, p.339）。米のロバート・パットナム（1941～）は「ソーシャル・キャピタル」（社会関係資本）の重要性を提起した（パットナム, 2001, p.301）。その構成要素として「信頼」、「互酬性の規範」（相見互い、日常的な日本語では「持ちつ持たれつ」）、「ネットワーク」（結び付き、日常的な日本語では「絆」）の三つを指摘する。これらにより、市場取引（価格取引）では形成されない、中間集団の活力や「地域社会の力」等の社会的価値が生み出され、民主政治や市場経済も円滑、健全に機能するようになる。自ずとインターパーソナル・

コミュニケーション（特にフェース・ツー・フェースの関係）が社会関係資本の源泉となる。

　経済学は財やサービスの価値は、マスメディアの情報でしかつながらない多数者——互いに未知の〈他人〉——が一義的な意味しか持たない価格という単純なシグナルを手掛かりに取引を繰り返すなかで最終的に決まる価格に集約されると考える。政治も同様であり、多数者の個別的な意思をマス・コミュニケーション（マスメディア）とインターパーソナル・コミュニケーション（個別対話、遊説、議会等）の組み合わせによって一般意思（法令、政策等）に集約する。価格も一般意思もコミュニケーションで決まり、その質と量が充実すればするほど民主的・市場的な手続きであり、より望ましいと考える。そうしたコミュニケーションは理想的には国境と国益を越え、地球大で行われることが好ましい旨を含意する。もちろん現実には、国益、ナショナリズム、通貨、文化（生活様式）等によってそのコミュニケーションは阻害される。従って、おおむね価格や一般意思は国境内で決まり、利用されるにとどまる。

1　〈1対1〉、〈1対多〉、〈多対1〉、〈多対多〉

　コミュニケーションとは、ごく簡単に、単数もしくは複数の人間・組織を情報の送り手または受け手とする情報共有行動と定義できるが、その研究の主題は問題意識によって異なる。最も古いとされるのは紀元前300年のアリストテレスが唱道したインターパーソナル・コミュニケーション（対人コミュニケーション、口コミ）をモデル化したもので（メッセージ送達者、メッセージ内容、文脈・場、メッセージの受け手、効果の5要素を探究）、その後のコミュニケーション研究の基礎となった。

1930年代から政治コミュニケーション関連の論考を数多く発表したハロルド・ラスウェル（Lasswell, Harold Dwight）も五つの要素（誰が、何を、どんなチャンネルで、誰に、どんな効果を狙うか）で類似のモデルを提示した。数学者のクロード・シャノンとワレン・ウィーバーも同様に五つの要素（情報源［sender］、発信機［encoder］、チャンネル［channel］、受信機［decoder］、受信先［receiver］）に分解してコミュニケーションを分析したが、研究が第二次大戦中に進められたことからもわかるように、主眼は電気通信技術を用いるマス・コミュニケーションの効果研究にあった（Shannon, Claude E. and Weaver, Warren, 1949）。実際、彼らは「ノイズ」というコミュニケーションの阻害要因に注目した。このマス・コミュニケーション研究は、送り手から受け手へと情報が一方向に流れる「線形モデル」（linear model）もしくは「矢印モデル」（arrow model）とも呼ばれ、ほぼ例外なく大衆社会との関連で論じられるので、社会学だけでなく、政治学や経済学とも関連が深い。

　情報効果のテーマは戦後のマス・コミュニケーション（またはマスメディア）研究において最も活発な研究領域の一つである。情報効果を高めるため、時に心理学や社会心理学の知見を援用しつつ、スピーチの内容やその話し方、レトリック、身ぶり手ぶり、美容やファッション（以上は政治家はもちろん、マスメディアへの露出が多い財界人・企業家や芸能人、「識者」にとっても重要である）、ダンス、歌唱、文章作法・表現、イラスト、写真技術、各種デザイン等のほか、文字を載せる紙の改良、大量複製技術やチャンネル（情報が伝わる経路）の革新、情報伝達時間の短縮、伝達過程でのノイズの削減等に向けた努力がなされ、大衆文化の進化や技術革新につながった。コミュニケーションの発展に関して、コミュニケーションの手段であ

るメディア（情報媒体）に着目し、「より多数者に、より広範囲に、より迅速に、より正確に、より効果的に情報を伝える」という経年劣化や各種ノイズの侵入の低減を含む時空制約の克服を目標に技術革新が進んだという歴史観は、マス・コミュニケーションを最先端のコミュニケーションの形態と考えた近代的思惟の産物と言える。移動から定住へ、人口増加と技術革新、生産増、居住域の拡大、権力集中の進行と社会的ヒエラルキーの形成、社会・国民統合を通じた国民国家の樹立、などの流れを人類史の基本的なダイナミズムと捉えれば、至極もっともな歴史観とも言える。

　本書のテーマは、インターパーソナル・コミュニケーション、マス・コミュニケーション、ネットワーク・コミュニケーションといった歴史的・構造的変遷から社会や人間関係の変化を見きわめることにある。冒頭に述べたことを繰り返せば、この問題意識は技術決定論に立脚するものではない。つまり、印刷、輸送、放送、音声、写真、映像等の技術革新がマスメディアの発展を促した、インターネットの発明が人間関係を変えた、などではない。事態はむしろ逆であり、社会や人間関係の変化が技術革新とその受容を促した、と考える。

　社会とコミュニケーションの関係を考えるにあたり、図表2で示す通り、情報の送り手と受け手がそれぞれ〈1〉か〈多〉か、を基準にコミュニケーションを整理する。これにより、〈1対1〉、〈1対多〉、〈多対1〉、〈多対多〉という四つの組み合わせを抽出できる。

　この類型化について簡単に説明すれば、〈多対多〉は社会そのものを指すが、現実世界では実現不可能である。そして、それが実現できると想定して仮設された概念が「市民社会」であ

図表2：コミュニケーションの形態と社会の類型［A］

送り手／受け手	1	多
1	〈1対1〉 インターパーソナル・コミュニケーション	〈1対多〉 大衆社会 マス・コミュニケーション （マスメディア）
多	〈多対1〉 分衆社会 マス・コミュニケーション （ニューメディア）	〈多対多〉 市民社会（仮設的）

出所）筆者作成

る。〈1対1〉は人間社会の基本単位、つまり根源的なコミュニケーションの形式である。こんご繰り返し言及するように、〈多対多〉はそのままでは成立し得ないので、つねに〈1対1〉に分割され実現が企図されるが、例えば大衆社会のように社会の規模が大きくなれば、時空制約から分割は決定的に不可能になる。そこで大衆社会では〈1対多〉が未曾有の規模で発達し、〈1対1〉を補完するようになる。そうした大衆社会の〈1対多〉について本書では「マス・コミュニケーション体制」と呼ぶ。それは大企業を大量複製品（＝マスメディア）の生産・流通の担い手、つまり情報の送り手とし、大衆がその消費を担う体制を言う。そうした大企業には新聞・雑誌・テレビ・

ラジオの四つが代表するマスメディア関連企業が含まれる。また、これも後に述べるが、メディアとは、それ自身では移動不可能な記号が移動可能な物質・電波に固着したものを言う。記号は声、音、絵、文字、写真、動画等を、物質とは身体、石・岩、紙、プラスチック、ガラス、金属等を指す。大衆社会の生成は化学産業を主とする第二次産業革命の勃興と相まって、マスメディアの興隆とマス・コミュニケーション体制の発展を導いた。その後の分衆社会化は第三次産業革命（情報化、情報を基とする機械の自動化等）を刺激し、〈多対１〉が相応するニューメディア（マルチメディア）の発展を推し進めた。〈１対１＋〉で表現できる繋衆社会化の進行は、第四次産業革命（大容量・高速の情報処理等）を引き起こし、現在はその受容と活用をめぐり社会との対話が進んでいる段階と言える。繰り返せば、新たな人間像の生成や彼らが形成する社会は技術や産業革命を惹(じゃっき)起するが、たとえ政治の支援を受けたとしても、それら技術や産業を社会が従順に受け入れるわけではない。それほど普及しなかったり、淘汰されたりする技術や産業もあるのである。

（１）「時間」への着目

　近年のコミュニケーションの特筆すべき特徴は何より、大衆社会ではもっぱらメッセージの受け手と考えられてきた膨大な数の人々が情報を収集・加工・発信できるようになったことである。その背景には、インターネット（デジタル技術を用いた情報の送受信）の日常化に伴う2000年代のSNS（「ソーシャル・メディア」と同義で用いる）の発展、および2010年代以降の常時接続を可能にするスマートフォンの急速な普及、そしてそれら技術の発明と普及を促した繋衆社会の生成がある。これ

によりメッセージの流れにおいて双方向的な〈1対1〉もしくはインターパーソナル・コミュニケーションが改めて脚光を浴びることになった。この段階におけるインターパーソナル・コミュニケーションは、まったく不完全ではあるものの、「遠隔」の「多数」が「同時的」に情報をやり取りできる、という難題を実現した点に最大の特徴がある。それは、(「多数」ではなく)二人が、(「遠隔」ではなく)「対面」で(つまり、ほぼ時空を共有しつつ)、排他的に情報をやり取りする事態をインターパーソナル・コミュニケーションと呼んだ時代状況との本質的な違いである。

　この問題はコミュニケーションにおける時間軸の問題として捉え直すことができる。すなわち、〈1対多〉で表せるマス・コミュニケーションにおいては、その〈1〉が一つの時間軸によって〈多〉を統御する。〈多〉の中でも〈1〉からより遠い部分への情報伝達は、より近いそれへの情報伝達に比べてより長い時間を要するので、その所要時間の差を、ノイズを増やすことなく、そして〈多〉を最大限に増やしつつ、短縮しようとする。換言すれば、〈多〉をまさに一塊としての〈多〉、つまり時空の差異を極小化し、あたかも一つの時空(〈1〉)として扱えるように努める。その結果の代表例が、我々がいま目にする電気・電子的なメディアの代表格であるテレビやラジオである。これに対し、繋衆社会状況では無数とも言える異なった時間・空間軸が併存する。〈1対1〉の数だけ時空間が存在し、並び立つ。

　本書の最も重要な問題意識の一つだが、この〈1対1〉の多数・同時実現(の可能性)は、〈1対多〉への依存が低減するなかで、〈1対1〉を単位として〈多対多〉は本当に実現可能なのか、可能だとしてどのように実現可能なのか、という問題

である。換言すれば、無数とも言える空間(距離)=時間が併存する状態はどう秩序化され、社会として安定するのか、という問題である。

「時間」の問題は、スマホを通じたネット利用が当たり前となり、在宅勤務を含め活動拠点が日本・世界各地に拡がった近年、特に企業やビジネスの分野で注目されるようになった。広告効果のほか、複数の人間が時空の制約なく24時間つながる状態は、企業組織の変革や収益モデルに直結するからである。例えば、長谷川玲は企業内コミュニケーションにおける各種ツールの利用について2軸を用いて整理し、その類型化に基づいて活用事例を紹介、助言する(長谷川, 2005)。軸の一つはコミュニケーションが1対1か多人数かであり、もう一つはコミュニケーションが蓄積型(非同期型)かリアルタイム型(同期型)

図表3:コミュニケーション・ツールの分類

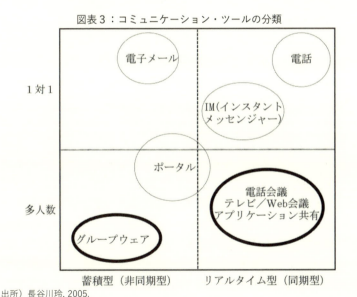

出所)長谷川玲, 2005.

かである（図表3）。抽出された四つの象限のなかで特に注目されるのが、①多数者が「同時」にコミュニケーションを行う（例えば電話会議、テレビ・Web会議、アプリケーション共有）、②多数者が多数者にメッセージを送る（例えばグループウェア）である。〈多〉が「同時」に、もしくは〈多〉が「同時」に〈多〉とコミュニケーションを行うことはこれまで不可能と考えられてきたからである。これらが可能になったのは、技術面において、ネットと高速コンピューターの利用が一般化したからである。換言すれば、無数の〈1対1〉（無数の時空）を「同時処理」（正確に言えば、「同時」と感じるほど超高速で処理。以下同じ）できるようになったからである。

　実際には、〈多〉人数でなくとも、一人の人間が「同時」に複数人と連絡を取り合うことは現在も不可能である。電話会議やテレビ会議、グループウェアのような企業内コミュニケーションが成立するのは、氏名や所属、連絡先、そして何より集合する目的を共有する特定少数間のコミュニケーションだからである（従って正確には「多数」とは言い難い）。しかも、一つの大型モニター等に複数の人間が映し出される点では「同時・多数」だが、ある時点でコミュニケーションできるのは、実はその中の一つの2人の組み合わせ（〈1対1〉）か、ある1人が複数人に一方的に話す（〈1対多〉）時のみである。さらに、電話会議やテレビ会議では開催日時を決める事前の打ち合わせが必要になるが、二重手間でしかないそれができるのは人数が限定的で、かつ同僚や取引相手だからである。つまり、グループウェアが成立するのは特定少数だからである。いずれも、面識がなく個人情報も共有しない無数の赤の他人から構成される大衆社会では、まったく成立し得ないコミュニケーションの形態である（例えば、一面識もない100万人が参加する電話会議やグ

ループウェアは存在し得ない)。なお、特定の消費者の嗜好等に合わせて広告を送達する「パーソナライズド広告」はICT（情報通信技術）の恩恵を受けてはいるが、無数の〈1対1〉を「同時」処理しているわけではない。いま議論しているのは「無数のパーソナルは同時処理できるか」である。

メッセージの特に送信に関わる人間の数を考慮しない、つまり〈多対多〉を勘案しない比較的古典的なコミュニケーションの検討では、メッセージの送信と受信の時間が同時的か異なるかという時間を横軸に、送受信の場所が同じか異なるかの空間を縦軸に、四つの象限を設ける類型化がある（図表4）。「同時・同じ場所」は対話、「同時・異なる場所」は電話やテレビ電話、テレビ、ラジオ等、「時間差有り・同じ場所」は伝言板・掲示板、「時間差有り、異なる場所」は手紙、ファックス、電子メール等である。このなかでは身体そのものがメディアとなる「同時・同じ場所」のインターパーソナル・コミュニケーション（対面）が最も原始的で、「時間差有り・同じ場所」の

図表4： コミュニケーションの分類

同じ場所

	対話	伝言板、掲示板
同じ時間	電話 （ラジオ） （テレビ） テレビ電話	手紙、（新聞） ファックス、電子メール

時間差あり

異なる場所

注）カッコ内は〈1対多〉のマスメディア
出所）間宮陽介他, 2018. p.27

伝言板・掲示板も後進的なもののように見える。いずれも距離を克服できていないからである。この点で、「同時・異なる場所」の電話やテレビ電話、テレビ、ラジオ等の通信やマスメディアが最も進歩的なもののようにも映る。時空制約を最大限に克服しようとしてきたのがマス・コミュニケーションだからである。

　しかし、これまでの議論はICTという技術の特性を述べたに過ぎない。その究極の目標は、ある系全体において、それぞれ時空と目標を異にする〈1対1〉の最適かつその〈1対1〉が相互に齟齬を来さない組み合わせを瞬時に見出し、系全体の人間をその処理結果通りに――すべての〈1〉が外部から強制されていると感じることなく――発言・行動させることにある。しかしこれは、人間の思考と行動を100％制御できるマイクロチップを頭脳に埋め込むなどして、刻一刻と変化する社会全構成員のありとあらゆる個人情報を細大漏らさず一元的にプールし、処理し、命令を下すことができる「超頭脳」（超高性能なAI＝人工知能だろうか）が存在しなければ実現し得ない。「超頭脳」はスーパーコンピューターと超高速回線から構成されるのかもしれない。そして「超頭脳」の命令に忠実に従う人間は、もはや人造人間と言うべきかもしれない。そうだとすれば、その系全体の統一目標を「超頭脳」自らが考え、人造人間に命じる事態が起こるかもしれない。それはまさしくSF的な超独裁世界である。

　現状、その実在可能性はゼロだろう。実現できそうなのは――存在するとすればだが――メンバー制に基づく、決して命令に背かない、きわめて高い忠誠心を持つ数人から成る組織だろうか。人間身体にほとんど常時密着し常用するスマホの普及で「疑似的な人造人間」が誕生しつつあると見る向きもあるだろ

うが、送られてくる情報に人間の思考や行動が完全にコントロールされているわけではない。

　繋衆社会のイメージはこれとは異なる。その社会ではむしろ「偶然性」や「不確実性」という時間軸が前景化する。例えば、SNSにおける次のような問い。「私の投稿はまだ誰にも読まれていないようだ」、「『既読』が付くまでになぜそんなに長い時間がかかったのか」、「投稿から1カ月近くがたって『いいね』が付いた」、「返信はくるのだろうか」、「いつか誰かから反応がくるだろう」、「まったく覚えのない人から突然に『友だち』リクエストが来た」、「見ず知らずの人から『いいね』された」など。

　既述の通り、繋衆社会におけるリアルな人間関係は、〈友人〉（近い他者）とも〈他人〉（遠い他者）とも異なる、〈知人〉（近い〈他人〉、遠い〈友人〉）の関係である。〈知人〉関係には「未知」や「未決」という時間＝距離が介在する。その時間＝距離がコミュニケーションもしくは社会に偶然性や不確実性を内蔵させる。繋衆社会では、これまでむしろ「時間がかかり過ぎ」「待ち時間は無駄」、さらには「すぐに返答がないのはディス・コミュニケーション（コミュニケーションの失敗）だ」などと否定的にしか評価されなかった「（前もってはその長さが予想し難い）時間」が、社会を成り立たせる根本的な要素として組み込まれている、と考えるべきである。

（2）受け手主導

　上述の通り、近年のコミュニケーションの特筆すべき特徴は、大衆社会ではもっぱらメッセージの受け手（マスメディア、特にテレビ業界での一般的な表現では「一般人」や「素人」）と考えられてきた膨大な数の人々が情報を収集・加工・発信でき

るようになったことである。しかし、さらに重要なことがある。すなわち、そうした一般市民の情報発信は潜在的に複数もしくは多数の受け手を想定していることである。一般個人が発する情報の受け手として潜在多数を想定する事態は、従来のインターパーソナル・コミュニケーションの概念を一変させる。それまでのインターパーソナル・コミュニケーションは、二者間の閉鎖的な情報のやり取りを指したからである。受け手として未知の相手を含む二者以上を想定する開放的なインターパーソナル・コミュニケーションの登場は、まさしく繋衆社会が生成していることの証左と言える。

　ところで、こうした事態は、かつてはもっぱら情報の受け手だった人々が送り手に変容し、コミュニケーションの主導権を握ったことを意味するだろうか？　その答えは否と言える。誰もが潜在複数（潜在少数・潜在多数）に向けて情報発信が可能になるにつれ、そのコミュニケーションの成否やメッセージの送り手の評価などはむしろ受け手が決めるようになった。それは送り手と受け手の間に「（ほとんどゼロから無限大の）時間」が介在し始めたからである。

　マス・コミュニケーション研究の「線的モデル」や「矢印モデル」の影響を受け、その情報の流れが社会秩序を成り立たせると考えがちな我々にとって、「受け手主導のコミュニケーション」は革命的とも言える転回である。例えば、あるテレビ番組を視聴したい場合、かつては放送開始時間にテレビの前に座り該当チャンネルに合わせるしか方法がなかった。新聞や雑誌等の活字メディアも同様であり、日刊紙は、かつては早朝に宅配されるか売店に並び、その後の数時間以内に閲読・閲覧された。週刊誌は決まった曜日に発売され、その日かその後の数日間に読まれた。

第 1 章　社会へのアプローチ

　1980年代頃からのニューメディア化の流れの中でオンデマンドの視聴形態が登場し、さらにスマホが当たり前になった2010年代以降はほとんど時空に制約されることなく特定番組を視聴できるようになった。人々は情報取得において、もはや送り手が決めた時空に拘束されることなく、情報・生活秩序を自ら設計できるようになった。さらに、SNSは企業（伝統的なマスメディアや事業会社）ではなく、個人がいつでもどこでも情報を実質コストゼロで収集・加工・発信することを可能にした。だからこそ、その情報発信が受信されるか、評価されるかはもっぱら受け手に依存する。

　この観点から見れば、上述した送信と受信の時間が同時的か異なるかという時間を横軸に、送受信の場所が同じか異なるかの空間を縦軸に抽出した四つの象限において、「異なる時間、異なる場所」が最も先進的なコミュニケーションとも言える。電話をスマートフォンと捉えれば、電子メール機能やSNSアプリを搭載するスマホこそ最先端のメディアのようにも映る。時空に制約されることなく、双方向のコミュニケーションが可能で、情報伝達の成否は、情報の送り手ではなく、受け手に依存するからである。

　思想家の故・鶴見俊輔はマスメディアが圧倒的な影響力を持った1950年代末、「誤解権」（誤解する権利）という考え方を提起した（鶴見, 1959, pp.239-240）。マスメディアが運ぶ情報に対して一般市民はむしろ誤解して解釈する権利が認められるべき、という抵抗のコミュニケーションを提唱したのである。一般人がマスメディアを通じて情報を送ることは難しく、また反論も困難という意味で、マスメディアは存在そのものが権力であり、その情報はすべて権力側のメッセージとも解釈できる。その後、情報の受け手側に立った考え方としてメディア・リテラシーも

登場したが、当初それはマスメディア情報の正誤や情報の文脈等を受け手が主体的に問うもので、考察対象は結局のところ送り手としてのマスメディアだった。

　ネット時代に入り、メディア・リテラシーの内容は、Web情報やSNSへの対応というネット・リテラシーの問題へと拡張した。情報の送り手としてマスメディアはもはや少数派であり、圧倒的多数は一般市民である。そのような情報をどう受け取るべきか（解釈や利用）、また自らが情報発信者となる際の義務や責任、マナー等をどう考えるべきか。誰もが発信可能なネット上では義務や責任の概念はなじまないのか。さらに、主に所属組織との関連において「つながらない権利」も人権の観点から注目されている。スマホを携帯すれば24時間常時接続状態になり、「勤務時間」外でも仕事の話題で対応を迫られるので、「プライベートの時間」が損なわれかねないからである。オーストラリアでは2024年8月、「つながらない権利」を認める法律が施行された。同様の規則は欧州やラテンアメリカを中心に20カ国以上で制定されている。

　メッセージの受信や返信の可否を受け手が判断したり、受け手の数もその詳細（国籍、年齢、性別、住所、職業、趣味等）も不明でありながら、そうした人々をも潜在的な受け手と見なして情報を発信したりするコミュニケーションが存在するようになったのは、メッセージの送信と受信の間に横たわる不確実性や偶然性、その意味での潜在的な「未知の時空」を人々が許容できるようになったからである。こうした感覚の誕生は、繋衆社会が形成されつつあることの証左にほかならない。情報の受け手や情報受け取りのタイミングをあらかじめ特定することなく（繰り返せば、こんなインターパーソナル・コミュニケーションはかつてなかった）、自ら積極的に情報を発信する人間

像の誕生があるからこそ、SNSは発明され急速に普及したのであり、その逆ではない（技術決定論ではない）。

以下、〈1対1〉、〈多対多〉、〈1対多〉、〈多対1〉、〈1対1＋〉を順に詳述する。〈1対1〉を最初に論述するのは、それがコミュニケーションのアルファでありオメガだと考えられるからである。

2 〈1対1〉——インターパーソナル・コミュニケーションの根源性

多くの状況において対面（フェース・ツー・フェース）で実現される〈1対1〉（インターパーソナル・コミュニケーション）は日常的に過ぎて軽視されがちだが、人間社会において最も根源的、そして最も高度なコミュニケーションと言える。偶然の出会いと別れが家族（原初的には一対の男女）を含む人間社会の始まりという当たり前の事情を別にすれば、その理由は三つある。

（1）即時空性・双方向性・特定性

一つ目。即時空的である。ある〈1対1〉は別の〈1対1〉と同時には成立し得ない、という絶対的な制約が存在する。ある1人と話しながら別の1人と話すことはできない。ある1人の話を聞きながら別の1人の話を聞くことはできない。1人の人間には一つの身体しかない以上、つまり人間の複製ができない以上、これは当然である。人間社会を構成する根源的コミュニケーションであると考えられるのは、まさにこのゆえである。見方をかえれば、それは当該二者が構成する「その場その時」、つまり特定の時空において、唯一無二の排他的なきわめて濃密

なコミュニケーションが成立することを意味する。

それではなぜ、3人以上から成る組織が成立するのか、という疑問が湧く。さらに、どのようにして数万、数百万、数千万の人間から成る「国民」や「国家」が成り立つのか？

一説によれば、一生涯で知り合う人の数は1700人程度とされる。なるほど、幼稚園から高校、大学・専修学校までの同級生、社会人時代に出会った人々を足し合わせると1700人程度になるだろうか。人生80年、1日に1人の人と出会い3万日で3万人という数字もある。かなり違うが、いずれにしろ、そのうち死の直前に名前も顔も思い出せる人間はいったい何人いるだろうか？　数人か、多くともおそらく20～30人ではないだろうか？　日本の総人口である1億数千万人のわずか数人、数十人である。1億数千万人については一生涯を通じて顔も名前もまったくわからない。にもかかわらず、われわれはなぜそんな状況に特に不安を覚えることなく生活できているのだろうか？　日本社会、日本国民もしくは日本国が成立し、安定が保たれているのはなぜだろうか？　なぜ経済や政治はそれなりに機能しているのだろうか？

この問いは様々に拡張することができるだろう。例えば、名前や顔を知っていて話をしたことがあっても、それは社会や国の安定と何の関係があるのだろうか？　何分間、いや何時間話をすればその人を「知っている」と言えるのだろうか？「同じ国民」について実は何も知らなくとも社会や国は安定維持できるのではないだろうか？　そもそも「知っている」とはどんな状態を指すのだろうか？　これらは人間社会を考察する際の根本的な問い掛けではないだろうか？

二つ目。唯一の双方向型・対話型のコミュニケーション形態である。ある主観的主張に対して発言や反論、つまり対話がで

第1章 社会へのアプローチ

きる唯一のコミュニケーション形態である。そうした双方向的な〈1対1〉により、思想を形成し、またある問題に対する一定の解決策を見出す（見出せない場合も、仕切り直す場合もある）。

そのコミュニケーションはほとんどの場合においてコストゼロ（零）もしくは無料で可能である。逆にコストゼロや無償ゆえに、年齢、性差、居住地、職業、学歴、所得等の別なく、誰もが思想を持ち、その発言ができるとも言える。〈1対1〉が言論の自由の基礎を形づくっているとも言える。これに対し、〈1対多〉を構成する〈1〉の代表例であるマスメディアは、発信において莫大な資本力を要するがゆえに、その情報取得は直接的、間接的に有償である。

また、マスメディアに登場する記者や「識者」等の言論に対し、われわれは意見する術を持たない。これに対し、〈1対1〉は（羞恥心を克服したり、弾圧を覚悟したりさえすれば）自由に意見しうる。最も原初的なメディアは人間身体そのものであり、言論はまさしく一個の人間身体が別の人間身体と出会うときに始まる（反射的に発生する目つきや顔の表情、その他のボディランゲージ、声等）。そして他者と向き合い、その他者との実際の、また内面的な対話を通じて生まれる自己意識は恐らく「我」の始まりの意識と同義である。人間にとって（恐らく哺乳類全般にとっても）、初めての他者は母親である。即時空的である点で、〈1対1〉は人間コミュニケーションの最初で最後の論理的な形態だが、現実世界においても〈1対1〉は人間が経験する最初のコミュニケーションと言える。

そして恐らく、内面的な対話を別にしても、いかなる状況においても、人間はインターパーソナル・コミュニケーションに回帰する。例えば、テレビや新聞、雑誌等から情報を得て、知

的活動が終了するわけではない。そうであれば、洗脳であり、せいぜい暗記である。マスメディアからの情報取得は家族や友人、専門家など別の人間と雑談をしたり、助言や確認を求めたり、そうでなければ瞬時に忘れ去られたりするという長いコミュニケーションのプロセスの一部である。大組織でも同僚や部下、上司との〈1対1〉の対話は組織コミュニケーションの基礎単位である。ただし、双方向のコミュニケーションにおいては、両者に高度なコミュニケーション能力が求められる。電話や手紙、電子メールなど非対面の〈1対1〉状況においては、要求されるコミュニケーション能力はより高い。

　三つ目。特定的なコミュニケーションである。関心、趣味、嗜好、性格等が似通うか、目的が一致する人間の間でしか成立し得ない、閉鎖的、完結的なコミュニケーションである。例えば、先に述べた〈友人〉と〈他人〉の分類で言えば、偶然に場を共有した初対面の人間、つまり〈他人〉と10分間、いや5分間でも白けることなく過ごすのは容易ではない。同じ〈他人〉でも例えば、商談や学校・会社の面接、調査面談等は同一目的を共有しているので、会話は容易である。〈友人〉との「取り止めのない話」は排他的関係（第三者は介入し難い互いに気心の知れた関係）ゆえに可能である。換言すれば、唐突に介在するまったくの他者には知り得ない個人情報や背景情報を前もってある程度共有していなければコミュニケーションは成り立たない。「納得」や「理解」はそうした条件のうえに達成される。

　このように〈1対1〉は、即時空的、双方向的、閉鎖的、完結的であるがゆえに、その組み合わせやコミュニケーションの機会と内容はすべてが相互に異質である。一方的な発信ゆえに情報の受け手の同質性を前提にしか成立し得ない、もしくは開放的である（メッセージの受け取り手をあらかじめ限定しない）

ゆえに同質性を継続的につくり出すことで「理解」を企図する〈1対多〉に対し、この点は強調してもし過ぎることはない重要性を持つ。

(2) 時空制約

一点目について詳しく述べる。

天皇による中央集権体制を整備した聖徳太子は、10人の話を同時に聞き分けられたと伝えられている。それは驚嘆すべき能力だが、それが事実だとしてもわずか10人とも言える。しかも、10人と同時に話すことに比べれば、それはより容易なことのようにも思える。10人が構成する〈1対1〉の組み合わせは45通りあるが、そのすべてについて各人の「待ち時間」を最小にして対話する状況を構想することは不可能ではないが、現実社会で即興的にそれを実行するのはまず不可能である。これは10人ならずとも、3人以上が集合した場合に生起する問題である。しかし通常、3人や10人の集合体を社会とは呼ばない。

では、10人という「特定少数」(名前が確認可能な少数)でも、数百人程度の「特定多数」(名前が確認可能な多数)でもなく、数万人から数十万人、数百万人規模の、常識的に社会と呼びうる「不特定多数」の人間集団を想定する。

〈多〉状況は人類誕生以来、存在しただろうが、産業革命後の人口激増と併せて都市化が進んだ18世紀末から19世紀末に徐々に姿を現した社会(通常、「大衆社会」と呼ばれる)において、〈多〉とのコミュニケーションの機会や必要性は劇的に高まったと考えられる。大衆社会の〈多〉は「不特定多数」、つまり「一個人では全部の名前や顔が覚えられないのはもちろん、いかなる手段を用いても全員との双方向での、つまり〈1対1〉でのやり取りが難しい数」と言うことができる。それは

まさしく〈他人〉(strangers)の世界である。この多数の〈他人〉から構成される世界は〈多対多〉で表すことができる。

このような大衆社会(〈多対多〉)も、そのコミュニケーションの基礎単位が〈1対1〉であるのは変わらない。〈多対多〉を〈1対1〉に分割する場合、上述の〈1対1〉の問題はより難度を増す。繰り返せば、①ある〈1対1〉は同時に別の〈1対1〉を実行し得ない、②双方に高度なコミュニケーション能力が求められる、③趣味や関心、考え方、感じ方、目的等を共有する人間の間でしか成立しにくい、という三つの問題である。第一点は順次実行すればよいので単なる時間の問題とも言えるが、人数を考えれば、「待ち時間」は途方もない長さになるだろう(実際には「後回し」や「門前払い」、「無視」が当たり前になるだろう)。むしろ、そうした「社会」(不特定多数者が構成する大衆社会)では分割はもはや不可能と言うべきだろう。だから大衆社会は〈他人〉の世界なのである。そもそも一個人が、〈多〉の全体(総数や構成者の属性、所在地等)を把握する術がない。ぼんやりとわかったとしても、相手を見つける方法や探索コスト、遠方であれば連絡手段や移動コスト、時間的制約等の問題が立ちはだかる。世界の大部分の国民が自国や居住する自治体の人口を大雑把であれ知っているのは、政府がその権力と諸資源を動員して国勢調査等を実施し、調査結果を公表し、学校等で教えているからであり、個人の力量によってではない。まして個人が独力で国民全員の名前、性別、年齢、住所等を調べ上げるのは不可能である。しかし、政府であっても国民全員の趣味や嗜好、性格等を調べることはできない。ならば、人々が自国全員の素性について無知でありながら、その「社会」が社会と呼びうる安定性と持続性を獲得し、保持できているのはなぜだろうか?

(3) マス・コミュニケーションとインターパーソナル・コミュニケーション

　マスメディアの圧倒的な影響力を前提に展開されたマス・コミュニケーション研究の文脈においても、実はインターパーソナル・コミュニケーション（〈1対1〉）が軽視はされても、完全に無視されることはなかった。恐らくそれは、人間社会においては、マス・コミュニケーションでは語り尽くせないコミュニケーションの方がむしろ多いと気づいていたからである。それは前述の通り、大衆社会の草創期において、ル・ボンとG.タルドがコミュニケーションの形態に着目し、相反する大衆像を提示したことにも表れている（一方はインターパーソナル・コミュニケーションに群衆という名の大衆を、他方はマス・コミュニケーションに公衆という名のそれを発見した）。

　先進国でラジオが普及した1930年代後半に米国で誕生した「マス・コミュニケーション研究」においては、インターパーソナル・コミュニケーションは旧式であり、マス・コミュニケーション（〈1対多〉）がより進歩的とする近代主義的アプローチが根強く存在した。電気的メディアの登場前夜、大衆社会の創成期の19世紀末～20世紀初頭に登場した「群衆論」（ル・ボン）や「公衆論」（G.タルド）がその先駆的存在である。印刷メディアというマスメディアを通じて「科学的」、「客観的」、「普遍的」な知識を得る公衆は、相互に地理的に離れていても理性的で進歩的な判断能力を通じて結ばれる一方で、音声や身ぶり（対面コミュニケーション）のみで知識を得る群衆は視野が狭く、情動的で、非合理的である、と論じられた。第二次大戦後の1950～60年代に脚光を浴び開発援助で実践された、途上国の経済的発展には、インターパーソナル・コミュニケーショ

ンに代えてマス・コミュニケーションの発展を促す政策が有効だとする「開発コミュニケーション」(development communication) も同様の考え方に基づいている。

　他方、両者を補完的なものとする考え方の代表例が、1940年の米国大統領選挙を調査・研究するなかで発見された「コミュニケーションの二段階の流れ説」(two-step flow of communication) である。米国で発展したマス・コミュニケーション研究の中心テーマであり続ける「効果論」の文脈で提示されたものだが、「効果論」は大衆について、家族や地域との関係を断たれ原子化した個人と捉えたうえで、マスメディアのメッセージがどれほど効果的にそうした個人（読者や視聴者）に受容されるかを考察する。口コミに見られるように、特にオピニオンリーダー的人物とのインターパーソナルなコミュニケーション（〈1対1〉）が介在することで、マスメディアの情報伝達効果は増すとしたのが「二段階の流れ」説である。ただし、伝統的な新聞・雑誌、ラジオに代わり、1960年代にテレビの普及が加速すると、その「強大な影響力」を前に同説は後退し、再びマス・コミュニケーションの直接的な効果を強調する考え方が勢いを増した。

　「コミュニケーションの二段階の流れ説」は、誇張を恐れずに言えば、マス・コミュニケーションの「合理性」や「科学性」が、インターパーソナル・コミュニケーションの「情動性」で脚色されれば、メッセージはより効果的に伝達される、と述べているに過ぎない、とも解釈できる。日本には「ワイドショー」（この言葉は和製英語）という独特のテレビ番組がある。これは専業主婦を昼の時間にテレビに誘導する目的で考案されたと推測されるが、時事問題について芸能人や識者に「おもしろおかしく」「情動的に」コメントさせるのは、マスメディアに及

ぼすインターパーソナル・コミュニケーションの効果を——テレビ番組の内部においてだが——実践したものとも解せる。

　米国で提示された「二段階の流れ」説は、中間集団にマスメディアの増幅効果を見出す点で、中間集団にファシズムへの抵抗力を認める、欧州で盛んになった戦後のファシズム論とは逆の考え方である。国民統合が強力におし進められ、大衆社会が国家に完全吸収された国では、ファシズムが生じやすい。大衆は本質的に孤立的な存在だが、地域社会や各種機能集団等の中間集団に帰属することで〈1対1〉関係（〈友人〉を含む）をつくり、同時にマスメディアや大衆文化、普通選挙や義務教育を含む国民統合手段により国家（〈1対多〉）に帰属意識を持つ。しかし中間集団が失われ〈1対1〉関係も衰退すると、孤立的な大衆は国家に依存するほかなくなり、全体主義（〈1対多〉）を待望するようになる。逆に見れば、中間集団を通じるなどして〈1対1〉（インターパーソナル・コミュニケーション）が介在すれば、ファシズム（〈1対多〉＝マス・コミュニケーション）の専横を防ぐ、と考えられるのである。米国発祥のマス・コミュニケーション研究は、インターパーソナル・コミュニケーションはマス・コミュニケーションの補完物と説くが、対照的にファシズムの脅威を経験した欧州では、インターパーソナル・コミュニケーションを、ファシズムの重要な増勢要因となったマス・コミュニケーション（大衆宣伝）の抵抗力と捉える。この考え方は、欧州（英国を含む）における大衆社会論と整合的である。欧州では「大衆」（masses）が資本家やエリートと対峙する「労働者」（masses）を含意する階級社会の伝統を持つからである。この意味で、インターパーソナル・コミュニケーションは欧州においてより積極的に評価されていると考えることもできる。

3 〈多対多〉——市民社会

社会はすべて〈多対多〉で表すことができるが、上述の通り、現実世界において〈多対多〉が成立するわけではない。しかし、市民社会については、〈多対多〉が実現可能と想定することでその概念が成立し、近代社会・人文科学の発展を促した。市民社会を「均衡」や「調和」を達成した「完全市場」、そしていわば「完全社会」と想定することで、様々な社会科学の理論が構築された。繰り返せば、〈1〉は別の二つ以上の〈1〉と同時に情報をやり取りすることはできないが、それが可能、つまり1人の例外もなくすべての〈1〉が相互に齟齬を来すことなく〈1対1〉を同時的に達成できると想定して成り立つのが市民社会という概念である。

英国を含む欧州では17世紀頃まで宗教的規範が社会を統べていたが、次の18世紀に「啓蒙の世紀」が訪れた。「啓蒙」とは、人間が具有する理性に着目し、科学的知識によって人々を無知な状態から解放し歴史を進歩させる事態を指す。聖書の言葉ではなく、実験と観察を通じて自然界を実証的に捉え、その結果を場合によっては数学を用いて合理的に説明する（堂目, 2008, pp.8-9）。その試みの代表がアイザック・ニュートン（1642〜1727）の物理学である。彼は時空（世界）を唯一の基準が統べる均質的な「絶対空間」と「絶対時間」によって説明した。

この「科学的アプローチ」は、自然界だけでなく人間界にも適用された。17世紀のトマス・ホッブズ（1588〜1679）、ジョン・ロック（1632〜1704）をはじめ、18世紀にはジャン=ジャック・ルソー（1712〜78）、デービッド・ヒューム（1711〜76）、ヴォルテール（1694〜1778）、モンテスキュー（1689〜

1755)、ディドロ（1713〜84）、ダランペール（1717〜83）らである。彼らは、当時の社会体制の不合理面について、自然権の観点から、また欧州に到来しつつあった新しい社会、すなわち資本主義に基づく商業社会（または文明社会）の観点から批評した。

「啓蒙の世紀」とは換言すれば、実験や観察で得られた科学的知見を印刷物で読む「市民」のみがコミュニケーションを許される時代状況を指す。そうした完全無欠の人間同士であればディス・コミュニケーション（意思疎通不能）は生じない。堂目卓生によれば、

「この時期には、出版物の数が激増した。出版物の多くがラテン語ではなく、英語やフランス語、ドイツ語などの世俗言語で書かれ、人々は出版物を通じて著者の科学的発見や思想に触れることができた。また、ヨーロッパ各地にアカデミーや科学協会が設立され、学術と科学の振興が図られた。大学も神学部を中心とした古い体制から新しい学問分野を取り入れた体制へと改革が進められた。その他、読書クラブやコーヒーハウス、知的サロンなどが知識の進歩と普及に貢献した。知識は、もはや聖職者が独占するものではなくなっていた」（堂目, 前掲書, p.9）

このような状況は18世紀半ばの英国に典型的に見られた。政治的民主化、経済発展、技術革新、知識の進歩と普及が一挙に実現するかのような状況が出現した。当時の人間がこの状況を「市民社会」と命名したわけではない。19世紀後半から20世紀前半にかけて大衆社会化が進行する中で、「知的水準」において書籍や新聞の方がラジオやテレビより高い、と考える貴族的・選民的な知識人やリベラリスト（自由主義者）が分析的、理念的、回顧的、さらには郷愁的に「市民社会」と呼ぶように

なったのである。なるほど社会全体が、完璧に証明された科学的言語のみで会話する比較的少数の人間でのみ構成される市民社会のようなものだとすれば、〈多対多〉は成立可能かもしれない。しかしそれは市民社会というより、存在したとしてもきわめて特殊な階級社会、そうでなければSFでしかありえない超管理社会と呼ぶ方が適当だろう。実際、20世紀末の情報デジタル化の時代状況において、ついに制約のない市民社会、つまり〈多対多〉の世界が同時代に成立した、と考えるICT信奉論者が現れ、その世界を「バーチャル・コミュニティ」と命名した。

ハワード・ラインゴールドは『バーチャル・コミュニティ〜コンピューター・ネットワークが創る新しい社会』において、（1993年時点で）NTTの研究者は「未来予測には熱心だったが」、コンピューター・ネットワークとバーチャル・コミュニティはまだ未来の夢物語と捉え、「多対多型のコミュニケーション技術は、彼らの企業としての事業戦略には入っていなかった」と書いた（ラインゴールド, 1995, pp.5-6）。

なるほど人間社会ひいてはコミュニケーションの進化・発展とは、〈多対多〉をどう実現するかの苦難と挑戦の歴史（だった）と言い換えることもできるが、ラインゴールドは〈多対多〉はCMC（Computer-Mediated-Communications）、つまり生身の人間が高速コンピューターとインターネットでつながるバーチャル・コミュニティでついに実現したと考える。それは「最先端の知職へのアクセスを加速」（前掲書, p.159）する「民主的」な「市民のシンキング・ツール」（前掲書, pp.204-205）である。

しかし、そうした世界は本当に〈多対多〉だろうか？　上述したように、〈多対多〉は変化を止めない全時空に分散する無数とも言える〈1対1〉が同時（実際には光速という瞬時）に

調和を達成する世界を言う。それは市民社会と呼ぶこともできるが、実在はしない。以下、そのような実在し得ない〈多対多〉もしくは市民社会の概念について、さらに検討する。

(1) 市民社会と完全市場

「市民社会」は、資本主義が進展するなかでブルジョアジーが生成し、絶対主義に対抗し、また英・仏・米など実際に市民革命を遂行した国の18世紀後半以降の社会を指す。当時は歴史上初めて、都市化が進み、〈多〉状況が出現した時代だが、人間は恐らく本能的に——太古の昔から〈多〉の問題解決において〈1対1〉に回帰するのと同じく——この状況に対しても〈1対1〉で対応しようとする。市民社会という概念の独自性は、〈多〉を構成する〈1〉は、取得する情報の質・量、処理・解釈能力等のすべてが完全に同一であり、〈多〉の全体において考え得るすべての〈1対1〉のコミュニケーションを瞬時に実現可能と想定するところにある。これは言い換えれば〈多対多〉の実現を意味するが、もちろん現実世界ではあり得ない。思考の上では時間をずらせば不可能ではないが、それでは〈多〉全体に対応するのに膨大な時間を必要とし、しかもその時間経過のなかで軋轢や矛盾が顕在化し、利害調整にさらなる時間を要するので、現実世界では実現不可能である。

　〈多対多〉の実現可能性は、経済における完全市場の考え方を援用して検討可能である。完全市場の主要要件は、
　①売り手と買い手が多数存在する
　②売り手も買い手も価格受容者（プライス・テイカー）である。つまり売り手と買い手が多数存在し、市場価格を左右できるような単独の売り手や買い手が存在しない
　③売り手と買い手の間で情報の非対称性がない（全ての市場

参加者が同じ取引情報を持つ)
④売買される財が同質的である
⑤市場への参入・退出が自由

などである。要するに、完全市場とは、まったく同質の多数の人間（または組織）が同質のモノを取引する場を指す。これはある〈多〉（①の売り手と買い手が多数存在する完全市場）において想定しうるあらゆる〈1対1〉の取引が瞬時に完了する事態と言い換えることができる。そうであれば、完全市場という用語を援用し、「市民社会とは〈多〉状況の全体を〈1対1〉のコミュニケーションで時間差なく分割可能な『完全社会』である」と言うこともできる。ただし、完全市場の論理は、まったく同質のモノ（財）を取引するのに対し、社会でやり取りされるのは情報である。前者は、同質の財が同質の相手と取引されるだけなので、実際には取引しない状態と等しい（従って価格は天から降ってくるか、価格が付かない。つまり、②「売り手も買い手も価格受容者[プライス・テイカー]である」）。この条件について、「財」を「情報」に変えて読み替えれば、完全市場（財）は完全社会（情報）とも換言できる。

しかし、直感的にも経験的にも、このような完全市場（完全社会）は実在しない。現実世界では〈1対1〉と〈多対多〉の間には途方もない時空が横たわる。今の人類の能力では〈1対1〉は、その数が増えれば増えるほど、〈多対多〉には決して合成できない。この問題は近代においてしばしば「個と全体」の問題として語られてきた。しかし、「個と全体」は実は〈1対1〉の〈多対多〉の合成可能性／不可能性の問題と理解するのがふさわしい。分析的に見れば、ある〈1対1〉が別の〈1対1〉と摩擦を起こすとき「個と全体」の問題が浮上する（例えば〈AとB〉、〈AとC〉はともに調和的でも、〈BとC〉が

出会う状況が出現し、その関係が不調和を来せば、A、B、Cは「個と全体」の問題に直面する)。

　人類は恐らく誕生と同時に、そのような難問を克服することなしには社会は成立せず、生存すら難しいことを察知した。こうして〈多〉は、〈多対多〉の実現不可能性を回避し、不特定多数の社会を安定化させるべく、〈1対1〉以外の分割方法を考案した。〈1対多〉がそれである(先述の通り、これが進化を続け、資本主義社会つまり大衆社会において成立したものを本書では「マス・コミュニケーション体制」と呼ぶ)。〈1対多〉によって多数の〈1対1〉状況を補完し、あたかも〈多対多〉が実現したように見せかける(これは「安定した社会」と呼ばれる)。これについては後述する。

(2)「国家社会」としての市民社会

　〈多対多〉の実現不可能性の問題で忘れてならないのは、もし経済(市場)や社会が完全であれば(〈多対多〉が実現可能であれば)、国家や政治が不要であることである。つまり、経済学で言う不完全市場、ここでは「不完全社会」の問題である。この問題を考えるにあたり、少なくとも日本語の「市民社会」(本書では「完全社会」と同義)という言葉は、誤った意味を伝えてきた、とする指摘は注目に値する。

　17〜18世紀のヨーロッパの社会契約説は、自然権(生来的で生存に必須な条件とみなす自由や平等、人権など人間の諸権利)を行使する個人が構成する社会の不完全性を仮定し、王権神授説や絶対主義体制を評価した。その前提は個人と国家は完全であるとの認識であり、そのような国家とは、個人と対峙しない社会としての国家、もしくは国家としての社会だった。植村邦彦によれば、日本語の「市民社会」の原語は「civil society」だ

が、それは元は「国家共同体」の英訳語として16世紀に使われ始めたものなので、日本語では「市民社会」ではなく「国家社会」とでも訳すべきだった。つまり、もともと完全無比な国家が、不完全な社会を補完し完全化したものが「市民社会」なのである。すなわち、

「日本語の『市民社会』という言葉の原語とみなされてきた『civil society』という英語は、本来はアリストテレス『政治学』の「国家共同体」という言葉の訳語として16世紀に使われ始め、ほぼ18世紀までその意味で使われていた。しかし、その意味での用法はすでに死語になっている。この言葉は「国家団体」あるいは「国家社会」と訳したほうが原語のニュアンスに近いと思うが、ホッブスやロックの著作の翻訳では、いまだに『市民社会』という訳語が当てられていることが多く、それが彼らの思想についての誤解を生む原因の一つにもなっている」（植村, 2010, p.310）

社会契約説で理念的に仮設された社会は日本語で「市民社会」と呼ばれるが、仮設の際に創作されたのが「自然状態」（state of nature）という空想状況だった。人間を集団的制約から解放された個的存在と見なし、そうした人間が自然権を発露する状態を自然状態と呼称した。自然状態とは実は今日の我々が用いる「社会」を意味していた。トマス・ホッブズ（1588～1679）は17世紀、自然状態を「万人の万人に対する闘争」（the war of all against all）と考え、それを制御すべく、社会契約を結んで生まれるリバイアサンという国家権力を構想した。このように、国家権力をいただく自然状態は「社会状態」と呼ばれた。彼の思想は「市民社会の完全性」を無視して王権神授説や絶対主義体制を擁護したとして後世に辛口に批評されるが、彼こそ「国家社会としての市民社会」の真の理解者だったとも言える。

第 1 章　社会へのアプローチ

　ジョン・ロックは自然状態という不安定状態（つまり本質的に不安定な存在である「社会」）を完全否定せず、政府が私的財産権や自由な取引を侵害・妨害するなどの暴政を行った場合は、人民は自然状態に一時的に退避する権利（革命権）を持つと説いた。国家社会の不完全性を想定して国家社会の倒壊、つまり革命（自然状態への一時的退行）を構想したのである。私有財産権を全面に打ち出すロックの思想はアメリカ独立戦争に力を貸したとされるが、財産に関して階級的・身分的な格差のない新大陸の米国ゆえに影響を与えたとの解説が一般的である。
　ジャン＝ジャック・ルソーは自然状態（繰り返せば、これが「社会」）を「原始人（動物的な孤立生活を営む人間）の世界」と考えた。その世界において人間は真に自由で秩序も保たれているが、時に悪人も現れるので「原始人の世界」は永続できない。そこで社会契約を結び国家を建設する。その際には国民と政治体がともに従う公的規範として「一般意思」が必要になる。
　このように啓蒙思想（社会契約説）は「国家」が「社会」（自然状態）を統御する必要性や不可避性を説く。そうして完成する「社会」（＝国家）が市民社会なのである。つまり、市民社会とは国家権力なしには存在し得ない「国家社会」なのである。
　今日の日本でも用いられている意味で「市民社会」が語られるのはアダム・スミス（1723〜90）やデービッド・ヒュームの文脈においてである。彼らは完璧な合理性を備える経済人が構成する経済（市場）の法則性という仮定を持ち込むことで、「国家社会」を「文明化された経済社会」（商業社会）へと置き換え、その結果として国家を機能的に捉える夜警国家論も打ち出した。すなわち、資本主義の発展に伴い社会は、それ自身の規則性を持つ経済（市場）を内蔵させ、ついに国家からの自

立を果たす。「市民社会」の自然調和性を初めて明確に打ち出したのである。政治（国家権力）の社会への介入を有害無益とするこの思慮は、経済（市場）を介在させて「国家社会としての市民社会」を社会と国家に分離することで、社会と国家を非調和的、もしくは対立的に捉える大衆社会、そして大衆民主主義思想の先駆けとなった。

社会生態学者のピーター・ドラッカー（1909〜2005）によれば、18世紀後半から19世紀初頭の産業革命の真っただ中、大衆社会前夜の英国社会を記録した社会観察家ジェーン・オースチン（1775〜1817）の著作には、工場、工場労働者、銀行家はまだ現れない。登場するのは工業化以前の地主、小作、農産物の流通商人、職人、商店主、海軍士官、政府関係者、弁護士、宗教家を含む一部知識階級など、主に今で言う「自営業者」だった（ドラッカー, 1993, p.67）。依然として小規模商業主体の産業構造だったからこそ、スミスやヒュームは「市民社会」を理念的に構想し得たのである。

産業革命の影響が社会全般に現れるのは、19世紀を通じて金融が発展し、資本（資本家）と経営（経営者）の分離が進んだ時期である。このとき「国家社会」（市民社会＝完全社会）は決定的に崩れる。都市の工場で働く賃金労働者が増加するなかで社会は、もはや仮設された「自然状態」ではまったくなく、国家と切り離されるがゆえに不安定な実体として理解されるようになる。そうした社会が大衆社会であり、19世紀後半から急激に拡大した。

大衆社会の始まりについては諸説ある。経済人類学者のカール・ポランニーは、19世紀の第2四半期と考える（ポランニー, 前掲書, p.427）。経済・産業の構造変化に着目すれば、主に米・独、日本等で19世紀後半頃から進展した第二次産業革命を指摘

することができる。その最大の特徴は大衆社会の生成を背景に、大量生産・大量消費体制が構築されたことである。生産財の受注生産から消費財の見込生産への転換と言い換えることもできる。個別企業の特殊な需要に応える中小企業に代わり、大衆に対して膨大な数の同一商品を生産・販売する大企業が勃興した。複製品（大量生産品）の生産に適した石油資源を活用する化学工業が発展し、その担い手として資本集約型の大企業体制が形成された。併せて、電気・電力の発明・普及により通信技術が発展し、鉄道、自動車や高速道路、航空機等の新たな交通手段が出現した。英に後れを取った後発国として、政府が政策金融や知的財産制度を整備し、そのようなインフラ関連企業を含む資本集約型産業（装置産業）を育成し、イノベーションを促したほか、特に米独は保護主義的な通商政策をとり英国製品の大規模流入を防いだ（郭, 2021, pp.49-152）。こうして、教育の拡充を通じた「普遍的な科学技術」の知識を持つ「均質的な人材」の育成も相まって、国家規模の労働市場、消費市場が形づくられ、大衆は「一つの国民」になった。

　史上初の総力戦だった20世紀前半の第一次大戦に注目すれば、老若男女が様々な役割で戦争に駆り出された欧州各国や日本では1920年代以降、参政権の拡充、普通選挙、社会保障など「平等な国民」としての諸制度が整備された。ラジオも普及した。これにより国民は「同じ国民」になった。欧米列強に支配されていた植民地も同様であり、「参戦のご褒美」として独立を果たした一部の植民地では、社会の大衆化を伴いつつ国民国家の形成が進んだ。この時期、大衆社会は当たり前の情景となったと言える。スペインの哲学者オルテガ・イ・ガセット（1883～1955）は『大衆の反逆』(1929)で「自らの使命を顧みず、皆と同じであることに満足しきっている」と「大衆人間」（hombremasa）を断罪した（オルテガ, 1967, p252）。同作はエリート主義の立場からの最後の大衆（社会）論になったと言える。

　大衆社会の形成を受け、その安定化を目指す二つの全く異なる思想が現れた。一つはブルジョア社会科学である。大衆社会は本質的に経済的存在なので、国家が経済を安定化させさえすれば（これが大衆民主主義の「政治」機能の大部分を占める）、社会は安定する、と考える。これに対し、国家が経済的存在であること自体に問題があるので、啓蒙思想までさかのぼって国家を批判的に吟味し、その「国家社会」を転覆させれば、社会は本来の完全性を発露する、と考えるのがマルクス主義社会科学である。この両者の後に現れたのは、社会から経済そのものを切り離す思想だが、これは全体としてポスト近代思想などと呼称される。ポスト近代思想は構造主義に典型的に見られる通り、相対主義を基本とし、そのうえで形式化（構造化）し、その形式（構造）を成立・維持する機能を見出すことで、「普遍的な社会理論」を構築しようとする。社会は数字で記述できる経済（資本）のような法則的な存在ではない、という認識のうえに、きわめて抽象化して社会を分析するのである。

（3）古典的リベラリズムと市民社会

　完全社会＝完全市場についてさらに検討する。それらを思想的に捉えれば古典的リベラリズムであり、時空間の無限拡大性を前提とする。つまり、その時空間は、その時空間内で成立しうるすべての部分調和（〈1対1〉）が相互に齟齬を来すことなく併存可能になるまで無制約に反復的に新たな〈1対1〉をつ

第1章 社会へのアプローチ

図表5：リベラリズムの歴史的展開

時期	代表的思想家	思想の特徴	自由と平等	量と質の収容可能性	メモ
18〜19世紀	アダム・スミス	・自然調和（自由放任主義と夜警国家体制）	"質的多様性"（自由）＝"平等"の自然調和的発想	・質（価値）と量（規模）の無限収容可能性〔個人＝利己心と全体＝公共性の自然調和。自由と平等の調和〕	・セイの法則 ・自由貿易帝国主義（財や人が間答無用に国境を越える）
19世紀後半〜1970年代	カール・マルクス	・資本家階級打倒	"質的多様性"（自由）の追求において摩擦が表面化。それを階級的矛盾と捉え資本家階級打破を目指す	・多様性を数量的格差とする資本主義では、質的多様性の実現は根本的に不可能と捉える	・社会主義革命
	J.M.ケインズ	・所得増加と所得再分配 ・政治を担う強力な政府（福祉国家体制）	"質的多様性"（自由）の追求において対立関係が表面化。それを量的（金銭的）不平等と捉え平等を追求する修正資本主義の生成	・質的均一化（貨幣価値換算）、そのうえでパイ（有効需要）は無限に拡大できるとする量（規模）の無限収容可能性を目指す	・"政治"の形成。手段としての普通選挙制度の普及 ・国家が自由を「普遍的価値」として流布
1970年代〜		・"格差" or "多様性"？	"質的多様性"（自由）の追求において量的格差が常態化	・量的有限性（"格差"）、質的無限性	
2000年代〜		・"分断" or "多様性"？	・量的格差＝質的多様性	・量的有限性（"分断"）、質的無限性	

出所）筆者作成

くり出す。その時空間の拡大・伸縮プロセスは国境や国益に邪魔されることがない（図表5）。

この想定は 市民社会の時代を生きたアダム・スミスはもちろん、フランスの経済学者ジャン・バティスト・セイ（1767〜1832）のいわゆる「セイの法則」にも見られる。スミスによれば、個人の利己心（内）と全体性（外）は自然調和する。換言すれば、自由（内）と平等（外）は自然調和する。質（内）と量（外）は自然調和する。あらゆる需給（〈1対1〉）は自動的に均衡し、失業も存在しない。失業がないので生産量は労働時間の総量で決まる。セイの法則では「供給はそれ自身の需要を

創造する」ので、余剰は決して生じない。需給は自然調和するのである。

　このような想定を包括的に否定したのはカール・マルクスだが、対立が常態化した社会（大衆社会）の安定確保の方法は大きく分かれた。マルクスは対立を階級対立と捉え、資本主義（大衆社会）の倒壊を唱道した。他方、ケインズは公共事業の実施等で有効需要を拡大すれば、対立を無制約に収容可能な時空を取り戻すことができると考えた。これは20世紀に鮮明化した〈1対多〉の〈1〉（政府、大企業）が担う大量生産・大量消費の歴史的ダイナミズムを経済理論化したものと言える。

　18〜19世紀半ばにおいて現代の我々には空想科学でしかない想定が可能だったのは、簡潔に言えば、当時の社会が大衆社会ではなかったからである。すなわち、主権国家の考え方は確立されていたが、国民国家が形成途上にあり、〈多〉の外延（国民、国境）がなお不明確だったので、任意に取り出した部分均衡（〈1対1〉）を収容する時空間は無制約に拡大・伸縮すると想定できた。また、メディアと社会の規模との関連性の観点から見て、当時は書籍や雑誌など私的に携帯する活字媒体以上の要求がない、〈1対1〉（対面コミュニケーション）を基本的な構成単位とする程度の小規模社会だったからとも言える。逆に、〈1対1〉を周縁化するほどには、大量・高速複製・流通手段が必要なマスメディア（全国紙やラジオ、テレビ）が発展していない社会だったからとも言える。歴史的に見れば、各種記号（声、音、絵、文字、写真、動画等）を耐久性のある物質に固定したものがメディアであり、人類は人口増大と社会の拡大に合わせて、その複製可能性（大量性・保存性）と流通性（速度・範囲）、そして定時性（決まった時空に情報が流通するジャーナリズム性）、さらには携帯性（サイズ・重量）を高める

ことで情報共有の時空を拡げ、しかし同時に国民国家としての情報共有の時空制約をつくり上げてきた（時系列的に列挙すれば、個別的な身体と口承、壁画、写本、印刷物、ラジオ、テレビ、カセットテープ、ビデオテープ、CD、DVD、Blu-ray Disc、PC、デジタル情報とインターネットの組み合わせ、スマホ等）。

ユルゲン・ハーバーマスは市民社会の論理について、「公共性の構造転換」（同名の独語の原著は1962年）と呼んだ。彼は国家と社会が分裂した大衆社会を生きた社会学者だが、公共性の概念について、市民（「ピープル」＝「群衆」や「大衆」とは異なる）の側から国家や政府に対抗的に生成する公共性が「市民的公共性」（die buergerliche oeffentlichkeit）だと論じた（ハーバーマス, 1973, p.357）。市民は新聞・雑誌・書籍を読み、コーヒーハウスやサロンに集い議論する。「すべての個人（私的市民）」のあらゆる思想・主張は、「非公共的」（＝私的）として排除されることなく自動的に全体（＝公共）を構成する。私＝公という事態が無条件で想定される。言うまでもなく、この思想はまさにその市民社会の時代を生きたアダム・スミスのそれの「社会版」である。

ガブリエル・タルドは、急変する時代の立会人としてより悲痛な議論を展開した。19世紀後半〜20世紀初頭、言葉や身ぶりで卑近な話題のみを語る「群衆」が台頭した、と見たル・ボンに対し、タルドは雑誌や新聞等の印刷メディアから情報を得、またそうした情報を共有する「理性的な公衆」の登場を待望した。印刷メディアを通じて経験・体験を超える知識を得る群集は「理性的な公衆」、つまり「公共的な大衆」に変化すると考えた。タルドは大衆社会化の真っただ中にありながらも、市民社会の再興に期待を寄せたのである。ただし、正確には、大衆

「社会」でも市民「社会」でもなく、また群衆でも大衆でもない、市民（万能人＝スーパー聖徳太子）の復活を待望したというのがふさわしいだろう。

（4）データベースにおける〈多対多〉の処理

　〈多対多〉の実現不可能性、それゆえの〈多対多〉の〈1対多〉による補完は人間が暮らす実社会に限ったことではなく、形式的な論理の世界では実は常識である。例えば、現実社会の〈多対多〉（「3次元」）をデータベース化する場合、そのままでは2次元（「面」）の関係データベースでは表現できないので、〈1対多〉もしくは〈多対1〉に分割し、2次元化する（〈多対多〉＝〈多対1〉＋〈1対多〉という考え方なので、2次元化とは〈多対多〉の分解とも言える）。この新設されたテーブルは中間テーブルや関連テーブルと呼ばれる。逆に見れば、〈多対多〉の現実社会は、少なくとも3次元（「線」、「面」、「奥行き」）、もしくは4次元（「時間」が加わる）の世界なので、中間テーブル（関連テーブル）の新設を通じて、それらを2次元化するのである。

　従来のコミュニケーション（特にマス・コミュニケーション）の主な理論的課題は、「線的モデル」や「矢印モデル」に基づき、1次元（線。〈1対1〉）、2次元（面。〈1対多〉）の2点間において、できるだけ大量の情報を（＝同一の複製情報を）、できるだけ早く、ノイズなく（正確に）、多数の人々に、そして効果的に伝えるにはどうすべきか、だった。大衆社会化と並行して興隆したマスメディアに求められたのは、まさにマス・コミュニケーション体制への対応、つまり大衆民主主義にふさわしい政治家の発言、大量生産・大量消費を推し進める大量公共輸送機関（mass transit）、大量の企業広告、大企業の指揮・

第 1 章　社会へのアプローチ

命令に必要な上意下達の情報の流れだったからである。上述の通り、近年のネットワークのコミュニケーションにおいても、2次元化する以外に〈多対多〉の実現方法がない。これに対し、本書が次に提示する〈1対1＋〉においては、時間（4次元）つまり〈＋〉を考慮することで、〈多対多〉の〈1対1〉への「完全分割」を通じた〈多対多〉の実現を目指す。

第2章 大衆社会とその変容
―― 〈1対多〉から〈多対1〉へ

1 〈1対多〉――マス・コミュニケーションと大衆社会

　〈1対多〉は社会（〈多対多〉）が大規模化するにつれ不可避的に現れるヒエラルキー型のコミュニケーションの形態であり、資本主義と一体化した大衆社会においては「マス・コミュニケーション体制」と呼ぶのがふさわしい。あらゆる人間社会は〈1対1〉を基本単位として成立するが、流動性の高い多人口から成る大衆社会は〈1対1〉への分割が完全に不可能になるので、〈1対多〉で補完され、秩序化されるほかない（ビジネスモデルで近い表現を探せばBtoC＝Business to Consumer。企業の対一般消費者ビジネス）。経済学の教科書は、不完全市場（本書の言葉で〈多対多〉の不完全性や「不完全社会」）は政府によって、加えてボランティア活動など「社会」の無償行為によっても補完されるなどと説くが、これを踏まえれば〈多対多〉の不完全性は〈1対多〉によって補完される、と言い換えることができる。

　〈1対多〉で表現できるマス・コミュニケーションは次のように定義できる。すなわち、

　「三者以上が関与する状況において、一者（〈1〉）が独占的な情報の発信者となり、残る二者以上（〈多〉）がもっぱらその情報の受け取り手となる、ピラミッド型のヒエラルキーを形づくるコミュニケーション形態を言う。歴史的にその構造は恐ら

第2章 大衆社会とその変容

くは多くの動物社会にも存在し、人類ではその誕生以来の生活共同体にさかのぼることができる。近代では中央・地方政府―国民のコミュニケーション、および官僚機構、地方公共団体、機能集団等の組織コミュニケーションをその代表例に挙げることができる」

マス・コミュニケーションを近現代のマスメディアやジャーナリズムと同一視するものには奇異に聞こえる定義だろうが、ここでは〈1対多〉がはらむヒエラルキー構造とその情報の流れ、それがもたらす「全体性」の生産・再生産機能に着目する。マス・コミュニケーションが国民生活全般に浸透しつつ未曾有の規模に拡大した20世紀社会(大衆社会)が「組織の時代」と呼ばれる理由もこの点に関わる。

大衆社会状況が現れた19世紀後半に近代社会学が成立したが、その背景には当時、大衆国家の形成と並行して、官僚機構や大量生産・大量消費を牽引する株式会社など、大規模そして各種の機能集団(ゲゼルシャフト)や中間集団が誕生したことがあった。

米国の社会学者のチャールズ・ライト・ミルズ(Mills, Charles Wright. 1916〜62)によれば、米国の大衆社会は政治、経済、軍事の各領域が高度に集権化、官僚制化され、その指揮命令系統の主要ポストには「パワーエリート」が君臨する(ミルズ, 1969, [上] p.310)。その3領域のパワーエリートはポストの相互交換が可能なほど密接な関係を築く。財界パワーエリートについては、1890年代に第1世代が、1925年頃に第2世代が、20世紀半ばに第3世代が形成された。

その三つの時期は米国に限らず、欧州や日本においても大衆社会形成の重要な節目を成す。このような同時代性を考えれば、パワーエリートの影響力に関して程度の差はあるとしても、ミ

ルズは大衆社会が〈1〉(パワーエリート)を戴く、〈1対多〉の「マス・コミュニケーション体制」であることを明確に示したと言える。

　このような思慮は「権力」がいかに生成するかを情報の流れの観点から説明するものでもある。それは先に投げかけた疑問、つまり〈1対1〉が人間の根源的なコミュニケーションだが、にもかかわらずなぜ3人以上から成る組織が成立するのか、という問題である。

　このような仮定をする。「主観」のみで構成されるがゆえに絶対的な時空のない、従って権力が存在しないフラットな世界(つまり質的平等が達成されている世界)を想定する。それは無数の〈1対1〉が相互に決して齟齬を来すことなく併存する、つまり〈多対多〉が〈1対1〉に完全分割される世界である。この世界は実は、完璧な調和を保つひと組の〈1対1〉の世界、さらに言えば世界にただひとつの〈1〉の内部風景と等しい。ところが、その世界に第三の〈1〉が出現し、同一メッセージを複数人(第一と第二)に同時送達する。このとき、そのメッセージは「客観」に転じ、その複数人から成る当該空間は〈1対多〉のヒエラルキー型の組織に変質する。その特殊な〈1〉は権力者や指導者として君臨するが、それは彼／彼女が情報の大量複製・同時送達に関して独占的な技術・能力を有し、「客観的な共通価値」の形成・提示能力、つまり規範形成力、さらに換言すれば組織の形成能力を持つからである。そうした規範力の具体例としては、共同体に伝承された掟やしきたり、宗教、近現代ではマスメディアが流布する法令・条例を含むあらゆる情報、科学技術を体化した商品(消費財、生産財、資本財など価格が付いて、もしくは無償で取引されるあらゆるモノ)やサービス等を挙げることができる。それら規範としての情報は、

第2章 大衆社会とその変容

個人の恣意ではその制定・改変が不可能、もしくは不可能なように見せかけたもの、と言うことができる。

　ならば、どのような背景において第三勢力としての〈1〉が出現し「客観」（基準、規範）を提示し、どのようにして人間の集まり（3人以上）に規範を与え、組織化するのか？

　2人の人間（AとB）の偶然の出会いを想定する。その〈1対1〉関係は気が合わない等の理由から短時間で終了する場合もあれば、友情や愛情が芽生えた、協業に関して意気投合した等から長期的な関係に発展する場合もあるだろう。その長期的な〈1対1〉関係に対し、3人目（C）が現れる。2個の〈1〉（AとB）はそれぞれに3人目（C）の品定めを行うが、その関係は新たな2組の〈1対1〉である（AとC、BとC）。その関係は短期間で終わる場合もあれば、長期にわたる場合もあるだろう。繰り返せば、長期的関係に発展したとしても、複数の〈1対1〉は同時空には成立し得ないので、それは〈1対1〉が3組（AとB、AとC、BとC）、別々の時空に併存する状況である。

　ならば、3人もしくは3組の〈1対1〉が一つの組織として、あたかも一つの時空を共有するかのように結集するのはどういう状況においてだろうか？

　このような「一つの時空を共有するかのような状況」をつくり出すのがマス・コミュニケーション（情報の大量・同時送達）にほかならない。そしてマス・コミュニケーションが出現するのは、恐らく人類が定住生活を始め、〈1対1〉への完全分割を求めて自在に移動ができず、血縁を持たない人間や、〈1対1〉関係において最高度の主観的関係を構築したり維持したりすることができない人間とも共生、協業せざるを得なくなる状況に直面したときである。具体的には例えば、①天変地異を含

む外敵の襲来を受けた、②血縁の共同体において非生産年齢人口（子どもと老人）が増加し、新たな働き手の獲得の必要が生じた、③共同生活を支える新たなモノ、技能・技術を含む斬新な情報を継続的に必要とするようになった、④人口増などから価値観が多様化し、当該共同体で摩擦や対立が頻発するようになった、などを挙げることができる。その結果、第3勢力としての「リーダー」（マス・コミュニケーションの〈1対多〉の〈1〉）が出現する（3人の事例では〈1対2〉の出現）。前に述べた通り、わずか10人の集合体でも、〈1対1〉の組み合わせは45通り存在する。①〜④のような状況の出現に対し、いちいち45通りの組み合わせを試すのは難しい。まして集合体の規模が数千人になれば、いや数百人であっても、そうした調整はまず完全には不可能である。

マス・コミュニケーションの〈1〉の能力に関しては、最初は当該人物のみが備える特殊な身体能力に依存したと考えるほかない。伝聞では日本国の原型である邪馬台国を治めていた卑弥呼は巫女だったと言われる。彼女はシャーマンとして、マス・コミュニケーションの能力（同一メッセージを大量・同時送達する能力）やその地位を排他的に有することによって統治者として君臨できたと推測される。

〈1〉は排他的な情報発信のほかに、身体拘束、昇進・昇給等の執行権、決定権を持つ場合もある。それは国家・組織・機関でも、個人でもある。個人では聖職者や共同体の指導者、近代では会社を含む各種機能集団のリーダー、政財界の重鎮、教員、コメンテーター、ジャーナリストなどしばしばマスメディアに登場する「有名人」を挙げることができよう。国家は徴税、治安維持、懲罰、行政官任命等の圧倒的な権限を持つ。そうした〈1〉が〈多〉の全体性を理解し（理解したと想定して）、

第2章　大衆社会とその変容

換言すれば「自分か他の誰かが恣意的に提示した価値観に過ぎないが、（マス・コミュニケーションのおかげで）客観的で普遍的な基準、つまり全体性」と認められ、〈多〉を自覚的、無自覚的に、意識的、無意識的に管理、支配、統治する。

　〈1〉の排他的で絶対的な権力は、典型的な中間集団である学校や会社の各種試験問題の作成や合否の決定、人事評価等がわかりやすい実例である。そうした権力は、組織上席者の選定手続きの正当性・合理性、また専門知識、社会的地位等から全体（〈多〉）の利益増進に資すると認められれば、もしくは商業ベースで（つまり市場競争にさらされつつ）行使されるのであれば、正当化される（もちろん「正当性」、「合理性」、「専門性」、「社会的地位」、「平等」、「公正」等の定義それ自体が〈1〉の恣意に任される）。また逆に、いったん〈1〉の有名性が確立できれば（これは「実績」、「業績」等とも呼ばれる）、全体性を理解していると所属もしくは契約組織に見なされ、その地位が保証される（もちろん、それも〈1〉が恣意的に決める）。中間集団ではないが、〈1〉を構成する国家権力についてもこれらが当てはまる。これら〈1〉の権力を正当化・合法化するメカニズムは「民主主義制度」と呼ばれる。そうした民主主義制度の下で形成される全体性は近代において、あたかもそれが〈多〉に無条件に受け入れられているかのように、公共性や社会的責任、社会的信用などと呼ばれる。このような〈1対多〉を不可欠とする大衆民主主義は、その非民主主義的な本質にもかかわらず、大衆社会の諸問題が米国を震源地として噴出した1920年代末の世界恐慌以降、修正資本主義（ケインズ主義）や社会主義の形で、多くの国家・社会の秩序形成原理となった。

(1) 大衆社会の不安定性

　大衆社会とはいつ頃の社会を指すのか。例えばカール・ポランニーは19世紀の第2四半期からと考える。活字メディア以外の視覚的メディアに着目すれば、米国でトーマス・エジソンが「キネトスコープ」という映写機を発明したのが1893年である。これは現代の映画とは異なるのぞき穴方式なので、仏のリュミエール兄弟が初の映画技術とされる「シネマトグラフ」を発明した1895年を挙げるべきかもしれない。「ハリウッド黄金期」を言うのであれば、1910年代から1930年代末頃である。先進国でラジオが普及し、米国でマス・コミュニケーション研究が始まったのは1930年代後半である。社会主義と修正資本主義を大衆社会が生んだ代表的な二つの政治体制と見れば、社会主義についてはカール・マルクスとフリードリヒ・エンゲルスの共著『共産党宣言』が発表された1848年、マルクス『資本論』の第1部（初版）が刊行された1867年、そしてロシア革命が起こった1917年を指摘することができる。修正資本主義については、世界恐慌後の1930年代である。1936年にはケインズにより『雇用・利子および貨幣の一般理論』が公刊された。ここではおおむね大衆社会の始まりを19世紀後半から20世紀初頭頃とする。

　大衆社会とは、資本主義の進展に伴い都市を形成するようになった不特定多数の〈多〉から構成される、欧米や日本等で19世紀後半に姿を現した社会状況を指す。それは国際化し、自国外の視点から自国や自国民を眺められるようになり、社会としての求心力を求められた初めての社会でもある。大衆は相互に未知・不知の他者として孤立的な存在であり、大多数が生産手段を持たない賃金労働者（マス＝mass、もしくはプロレタリア＝proletarian）である。市民社会は、個人の利益追求（内）＝全体性（外）、自由（内）＝平等（外）、質（内）＝量（外）、

第2章 大衆社会とその変容

私＝公という等式を想定したが、大衆は〈多〉の一部として存在はしても、社会全体の安定化に関しては無力である。むしろ〈私〉（＝ある〈1対1〉）の利益や自由、質の追求は、〈他者〉（＝別の〈1対1〉）の利益、自由、質の追求と衝突する。『群衆心理』（1895年）を著わしたル・ボンは、その約100年前のフランス革命に着目し、特定の場所に集まり、声や身ぶりでのみ情報をやり取りする人々を「群衆」と呼び、暗示にかかりやすく、衝動的で非合理的な存在と捉えた。19世紀後半から同世紀末は市民社会状況の終末期であり、社会秩序の変動期という点で、旧体制が倒壊し市民社会状況をうんだフランス革命期と重なる。農民が大多数を占めるなかで都市部において主に自営業者として活動し、エリートを自認してきた「市民」にとって、新聞や雑誌をほとんど読まず、直接に経験・体験した情報だけを対面状況においてやり取りする人々の都市への大量進入は、衝撃的だったのである。

　大衆社会の生成について、カール・ポランニーは次のように解説する（ポランニー, 2003, p.374）。18世紀末以来の産業革命のなかで人間活動としての「労働」、自然環境としての「土地」、交換の媒介手段たる「貨幣」という、本来は市場化になじまない3要素が市場に組み込まれ成立したのが「資本主義都市社会」である。そのような市場（経済）に組み込まれた社会、つまり「資本主義都市社会」が全面化したのは、大衆社会が勃興した19世紀の第2四半期以降である。大衆社会の出現により「利潤動機が生存動機にとって代わり、取引はすべて貨幣取引となり、交換の媒介手段が生活のすみずみに入り込んだ」。それまで社会と一体的に存在していた人間、自然、交換手段がその社会から剥ぎ取られ、価格取引される経済的商品となった。都市社会は、かつては「社会関係のなかに埋め込まれていた」労働、土

地、貨幣が「生産要素」として市場取引される結果としてパッチワーク的に成立する。したがって都市社会もしくは大衆社会は、つねに不安定性を内在する。市場（経済）が社会に組み込まれていた安定社会に対し、国民国家の基礎を成す、近代化の一つの到達点である大衆社会は、ポランニーにおいても不安定な社会と理解される。

　生産手段を持たない無産労働者が大多数を占める都市が勃興する大衆社会化（「群衆社会」化と同義とする）が加速した1920年代、金融恐慌（貨幣＝交換手段）、高失業・社会保障・教育・社会福祉（労働＝人間）、環境破壊（土地＝自然）等となって表面化し、その脆弱さを露呈した。

　ここで改めて一つの疑問を示す。社会の不安定性が大衆社会そのものに起因するとすれば、大衆社会がともかくも決定的に崩壊しなかったのはなぜか？　さらに言えば、例えば、大衆社会論が盛んだった1960年の日本の総人口は9000万人余りだったが、1人が生涯を通じて知り合う人間の数は1700人程度と言われる。つまり、死ぬ間際において名前も顔も知らない主に日本人と呼ばれる人間が99％以上を占める計算になる。このような状況で、なぜ社会を安定維持することができるのか？「知らない人」だらけだが、「同じ人間だから」というのなら、「同じ」かどうか、自分以外の全員を調べたのだろうか？　そしてどのように調べたのか？　「同じ日本人」「同じ日本国民」なので心配無用ということならば、やはり自分以外の全員を調べたのか？　そしてどのように調べたのか？　これは国民国家（主権国家）の領域や国民はどのように確定するのか、という測量や国勢調査の結果に基づいて解答可能な問題とはまったく異質の問題である。

　このような問いに対しては、〈多対多〉の〈1対1〉への分

割不可能性を〈1対多〉のマス・コミュニケーション体制によって補完することで社会秩序を形成・維持しているからだ、と上で述べた。

　本書の整理では、そうした大衆社会に対処すべく出現した秩序形成思想が修正資本主義（ケインズ主義）、全体主義（ファシズム）、無政府主義（アナキズム）、社会主義の四つである（後に詳述）。資本主義化した市場経済に搦めとられた社会が大衆社会である旨は既述の通りだが、大衆社会の生成により「国家社会」（市民社会）は国家と社会に分裂し、立ち現れた「経済社会」（大衆社会）の安定には「国家」の介入が不可欠となった。その体制は今では「混合経済」などと呼ばれる。重要なのは、混合経済の代表例である修正資本主義、社会主義はもちろん、その派生的な体制である全体主義、無政府主義のいずれもが「大衆民主主義」、より抽象的に言えば「平等イデオロギー」に基づく思想である点である。そうした「平等イデオロギー」こそ20世紀もしくは大衆社会を支える政治思想だが、19世紀の古典的な自由主義から見れば、それら20世紀思想はすべて「左派」と言える（従って19世紀的な伝統的自由主義を保守主義や「右派」と呼ぶ英国のような国がある）。

　このうち修正資本主義と社会主義は、「平等」を「数量的に同等」と理解し、そのうえで計量される格差を縮小することを民主主義と考える（いわゆる「結果平等」と「機会平等」）。他方、全体主義と無政府主義は主観的、内面的な、例えば満足感や達成感を誰もが享受できる事態を「平等」と捉え、その実現状況を民主主義と捉える。それは「結果平等」と同じく、事後的に数量的に計測可能な「同じ機会」（入学試験や入社試験等）を全員に同時に提供する、という「機会平等」とも異なり、「同量」性を問わない。また、修正資本主義と全体主義は、そ

れら「民主主義」の実践にあたっては「強い国家」もしくは中央集権体制を必要とし、その「強い国家」は、修正資本主義では所得再分配政策を含む大衆民主主義を、全体主義では個人崇拝を通じて国家翼賛を図る大衆宣伝を強力に推進する。社会主義も大衆宣伝が最も重要な統治手段の一つだが、個人崇拝ではなく、マルクス・レーニン主義（中国では毛沢東思想、近年では習近平思想等）という外部化された価値観（すでに「教義」とも言える）と共産党組織への忠誠を求める。社会主義と無政府主義については、〈1〉としての政府を頂点にいただく〈1対多〉（＝マス・コミュニケーション体制）の出現に対し、マルクス・レーニン主義に依りつつ組織的に抵抗しようとする思想が社会主義、そしてそれに個々人が反射的、非組織的に応対しようとする思想が無政府主義と言える。

〈1対多〉でも極端な形態の一つである全体主義は第二次世界大戦とその後の経済復興のなかで消滅した。戦後40数年間は修正資本主義と社会主義が大衆社会の制御をめぐり覇権を競い、1990年代以降はほとんど修正資本主義のみが民主主義を掲げて大衆社会の安定化を推し進めた。しかし、修正資本主義も1970年代頃にはその有効性に疑問符が付き始め、自由主義（「新自由主義」や「新保守主義」と呼ばれる）が席巻しようとしていた。そうしたなかで、それまで政治勢力としては陰に隠れていた広義の無政府主義もゆっくりと輝きを増していたと言える。

（2）"全体性"の観念

さて、ここで先の問答に戻る。大衆社会が〈1対1〉に完全分割できない本来的に不安定な社会だとすれば、大衆社会がともかくも決定的に崩壊しなかったのはなぜか？　それはその不完全性を〈1対多〉のマス・コミュニケーション体制によって

補完してきたからである。

　資本主義の進展は、経済的存在としての大衆社会を生成しつつ、資本・労働・知識が完璧に備わった「市民」を資本家と労働者に分解し、社会に亀裂を生む（このうち知識階層について、当時も現在もマルクス主義においてその位置づけは曖昧である）。社会の「不完全」性は「不平等」として表面化し、社会の不安定性が常態化する。大衆は問題状況を最大限に〈1対1〉に分割し、その一部とは親密関係を築く（〈友人〉）ことで問題解決を図ろうとする一方で、残余の問題状況については〈1対1〉への分割の試みを放棄し（〈他人〉）、その問題解決を国家に委ねるようになる。

　これに対し市民社会は理論上、同質の「(全知全能の)市民」のみから構成されるので、〈友人〉や〈他人〉は存在しない。もちろん、これは理論的な話である。〈他人〉と質的に異なる人物像の一つとして例えば、紀元前6世紀の孔子の『論語』の「朋あり遠方より来る」にある通り、「朋」が存在する。それは学問上の「同志」や「仲間」と言う意味であり、「友人」（友だち）とは異なる。〈友人〉の特殊性が際立つようになったのは、19世紀後半頃、大衆社会が生成し、数量の点で〈他人〉が〈友人〉を圧倒し始めて以降と推測される。

　日本の新聞記事の語彙検索により友人関係の変遷を調査した石田光規によれば、〈友人〉関係が前景化するのは1980年代以降である。大衆社会が転機を迎えるなかで（分衆社会化のなかで）中間集団の衰退が指摘された時期と一致する。この時期の「〈友人〉の前景化」とは、いじめの力学が胎動し始めたものとも解釈できる。事実、2000年代に入ると、固有の友人との「接し方」の人生相談が急増した（石田, 2021, pp.168-169）。これは分衆社会化が進行した1980年代以降の「〈友人〉は重要だ」

とのいわば自己説得の段階を経て、〈友人〉関係に執着する余り、いじめ相当の排除の力学にさらされ始めたものと解釈できる。

一方、大衆社会状況を迎えるなかで国家の側は、広大な〈他人〉領域の秩序化を図るべく、強大な〈1〉を構築する制度設計（マス・コミュニケーション体制の建設）を進める。社会の安定化を社会外部の力によって目指したのは大衆社会が最初で唯一と言える（ハーバーマスはこの事態を憂慮した）。そうして成立するマス・コミュニケーション体制は全体性を生産・再生産するが、その具体的手段は、マスメディア企業を含む大企業による大量複製品（モノと情報）の生産・流通体制だとすでに述べた。なぜこれらが大規模社会（大衆社会）の秩序を形成・維持しうるのか、という問題をこれまで用いてきた「全体性」という概念を用いて考える。

「全体性」とは、「自分は他者と同じであり、全体の一部である」という感覚、簡潔に言えば「平等感覚」と言える。大衆社会化への対応として生起する四つの政治・経済思想として先に述べた修正資本主義、社会主義、無政府主義、全体主義のすべてに共通する思想なので、「平等イデオロギー」と言うべきかもしれない。「機会平等」や「結果平等」など、計量を可能とすべく均質化したうえで「同量」化する、つまり「平等」化を通じて「みな同じ」という全体性の感覚を醸成し、大衆社会の安定統治を図る。

このような全体性は、その構成者（大衆）が全体性の観念を渇望したことで、大衆社会において初めて浮上した観念と言える。これに対し、市民社会（完全市場や完全社会）においては、全体性は論理的な与件である。市民社会は思考の道具として編み出された理論的仮構物であり、実在しないからである。そこ

では全体性は1人の市民（上述の言葉を用いれば「スーパー聖徳太子」）が体現する。全体性＝全市民＝1市民＝完全市場＝完全社会なのである。

　「全体性」という概念や単語は用いられていないものの、全体性は実は大衆社会や大衆文化の考察の中心テーマだった。米の社会学者のデイヴィッド・リースマン（Riesman, David, 1909～2002）は、大衆社会を構成する大衆の典型的なパーソナリティーについて、他者と比較のうえで「同じ」、つまり「平等である」ことに安心感を覚える「他人指向型」（other-directed）と分類した。

　「他人指向型に共通するのは、個人の方向づけを決定するのが同時代人であるということだ。…他人指向型の人間がめざす目標は、同時代人のみちびくままにかわる。かれの生涯をつうじてかわらないのは、こうした努力のプロセスそのものと、他者からの信号にたえず細心の注意を払うというプロセスである。…ひとが自分をどうみているか、をこんなにも気にした時代はかつてなかった」（リースマン, 1964, pp.17-18）

　「他人指向型」については、同じ大衆社会を生きた経済学者のケインズも、金融商品への投資行動に関して、美人投票の例を挙げて指摘した（ケインズ, 1936, 第12章第5節）。ケインズによれば、新聞投票による美人コンテストとは、投票者が100枚の写真の中から最も美しいと考える6枚を選ぶ場合、その選択は投票者全体の平均的な好みに最も近い者に対して行われる。つまり、投票者が写真を見て自らが美人だと判断して選ぶのではなく、他の投票者の好みを推測して選択・投票する。株式投資に当てはめれば、経済の基礎的条件や企業業績等を判断材料とするというより、値上がりするだろうと投資家の多くが予想する銘柄を推測して選ぶ、と言うのである。

群衆論を批判し、公衆の復権を説いたガブリエル・タルドは、「大衆社会」という言葉は使わなかったが、大衆社会批判も展開していた。すなわち、社会とは模倣により成立するが、模倣とは今でいう学習（タルドの言葉で「内面の模倣」）の側面と真似（同「外面の模倣」）の側面がある。大衆社会は「機械が模倣と類似を食い尽くした」（つまり大戦争と大企業による大量生産）ことで「真似」に堕してしまい、歴史の進歩を生み出す「学習」は後退してしまった、と嘆いたのである（タルド, 2016, p.555）。

　このようにして大衆社会においては、他者と「同じ」、つまり「平等性」（全体性）の確保が社会秩序の形成・維持という政治目標の達成手段となる。大衆は「平等性」が確認されるようであれば、「民主的政治」だとして〈1対多〉（「マス・コミュニケーション体制」）を喜んで受け入れ、ひいてはそれに服従する。

（3）マスメディアと全体性

　大衆社会において全体性を生産・再生産する主体（〈1〉）は、マスメディア企業を含む大量複製品の生産・流通企業、他人指向の大衆、そしてそうした大衆が権力とその行使の正当性を付与する政府である。それらは大衆社会の生成に伴い誕生・成立し、国家規模の大衆市場、大衆民主主義体制をつくり出した。なかでも情報の大量複製と同時的な送達力を占有するマスメディアは、情報による国民統合という20世紀に鮮明化した大衆民主主義国家の特徴を最も象徴するメカニズムと言うことができる。

　マスメディアの力は、何が伝達されるかというメッセージ内容に起因するわけではない。その力はマスメディアが〈1対

多〉の一端を構成する強力な〈1〉として全体性を生産・再生産する、つまり〈多〉の構成者の間に自分は無数の他者と同じだという「平等感覚」を醸成するところにある。そのメカニズムは次のように説明できる。すなわち、同一メッセージ（政治・経済情報、商品・サービス情報、その他の生活情報、音楽・文学・映画など大衆文化に関わる情報等）を、それが正論か曲論か暴論か、事実か虚偽か、反政府か親政府かなどとは無関係に、国民全体を受け手として、定時的・同時的に送り続けることで、受け手を匿名化、数量化し、そのようにして均質化という意味での平等感覚を養う。そうした平等感覚が全体性にほかならない（事実・真実の入手・検証、そのうえでの定期的・同時的な大量送達は「ジャーナリズム」と呼ばれる。その行動自体が当該情報に現実味や真実味、説得力を与える）。

あるテレビ番組の放送開始時間が視聴者ひとりひとりすべて異なると仮定する。最初の放送開始時刻を深夜零時とし、1分ごとに同じ番組を別の1人に送達すると想定する。100万人に届けるまでに100万分、つまり694時間、29日かかる。こうした状況は実は〈1対多〉ではない。一方通行の〈1対1〉が100万組あるだけである。もはやマスメディアとは言い難い。商業的にも大打撃である。このような番組にいったいどれほどのスポンサーが付くだろうか？　あるコンテンツの取得タイミングを完全に消費者に任せるオンデマンド型のコミュニケーションでは、事態はより深刻である。テレビや新聞は概してオンデマンド型（〈多対1〉）のコンテンツ提供に及び腰だったが（〈1対多〉の補完性が明確になってきた近年は、特にテレビは歓迎の姿勢に傾いている）、それは〈多対1〉や〈1対1〉のコミュニケーション形態では大量生産・大量消費型の財・サービスの宣伝・広報効果が低減することで広告出稿が減少し、収益が

悪化することを懸念したからである(季節の変わり目や新年度に新商品を投入し、その前後に集中的に大量の広告を打つ企業は多い)。

　このことは政府についても当てはまる。テレビ(地上波)やラジオがすべてオンデマンド型に移行すれば、大衆民主主義は機能しない。政府に関する情報に誰がすすんでアクセスするだろうか? まして「政府専門チャンネル」が有料であれば、恐らくその契約者数は壊滅的である。民主主義体制は成立し得ないだろう。情報の同時・大量送達手段を持たない政府はマスメディアに依存し、逆にマスメディアはジャーナリズム性を最も要求される政府情報を報じるがゆえに、規範形成能力を強力に具備・発揮する。

　マスメディアの影響力は何より、メッセージ送達の大量性・定時性・同時性に起因する。そうしたメカニズムにより、多くは営利事業でありながらマスメディアは世論を形成し、そうしたマスメディアを制度的に庇護する国家権力を再生産し、ひいては「公共性」(全体性を創造する義務と責任)を獲得する。無数の〈他人〉が構成する、不安定性を潜在させる大衆社会は、そのようにして国民国家として安定を得る。

　マスメディアの情報送達における大量性・同時性の問題は、現実世界で〈1対多〉はどう実践されているかを明らかにする。すなわち、〈多〉の構成員全体を情報送達の大量性・同時性によって均質化し、あたかも〈1〉のように扱う。つまり、全員を「平等」に処遇する。〈1対多〉はマスメディア自身にとっては〈1対1〉なのである。その〈1〉は個人ではなく「大衆(社会)」という、もしくは「国民」という一個の塊である。マスメディアが持つ〈1〉としての〈多〉への一方向的、しかも役割固定的な情報送達力は、〈1〉を構成する政府と大企業

が成立・存続するために不可欠な均質性＝平等性を再生産し、ひいてはそれらの権力を再生産する。政府が依って立つ均質性＝平等性とは普通選挙に基づく大衆民主主義制度であり、大企業のそれは大量消費である。大衆民主主義も大量消費も、国民規模の大量性と同時性という時空によって成立する。投票や政策の享受、商品需要に関して大衆の間に時空の落差があっては民主主義も大量消費も機能しない。大量性・同時性、国民国家の全体性、さらに言い換えれば〈1対多〉は、技術的には放送・通信や交通の発達（高速化・大容量化）が実現したが、根本的には生成した大衆自身がそれを求めたからである。

　デイヴィッド・リースマンやケインズが示した通り、大衆は数十万、数百万の他者と実際につながっているわけではない。「同じ商品」（この大量複製品は広義の"マスメディア"と言える）を所有することで、他者とつながっている、と感覚する。反対に、ある商品に満足するのは、購入前に当該商品を徹底的に研究し、購入後はその品質や使用感等を入念にチェックして納得するからでは必ずしもない。「皆と同じもの」を手に入れた、という感覚に満足するのである。映画やTVのスターに憧れるのは、皆が憧れているからである。皆が有名人と言うから自分も「有名人だ」と納得するのである。ある人物が大統領や総理大臣にふさわしいと思うのは、皆がそう思うからである。その「皆が」という「平等」感覚が全体性を醸成する。大多数に不人気でも自分は非常に好きなので放送や連載を続けて欲しい、という個人の願いはマスメディアや大衆社会では聞き入れられない。視聴率や発行部数で計測される情報の同一性・大量性・同時性は、収益に直結するからである。それ（ロングテール＝少数の需要を満たす少数の供給）が許されるのは全体性が希薄化した〈多対1〉、もしくは全体性が欠落した〈1対1

+〉という繋衆社会においてである。この問題は後に改めて述べる。

　ガブリエル・タルドは、インターパーソナル・コミュニケーション（口コミ）に頼る「群衆」に対し、新聞や雑誌などのマスメディアは、遠隔関係にあってもつながることができる「公衆」（「市民」とも呼ばれる）をつくり出すと評価した。しかし、こうした「公衆」は、不動の真理を共有するがゆえにつながるわけではなく、大量・同時性によって全体性を創出するマスメディアに頻繁に接する人々が、互いに「同じだ」と感じるがゆえに誕生する、とも解釈できる。その意味では、タルドの言う公衆は典型的な大衆である（タルドの「公衆」とは、マスメディアに頻繁に登場するスターだから好きだ、とする現代の「ミーハー」とも言える）。

　マスメディアの大量・同時的な情報発信の実現手段は共同体のリーダーらの肉声やそうした肉声を増幅する拡声器など低次元の機器や人力ではもはやない。太古の昔から存在したマス・コミュニケーションとそれを支えるメディアは、大衆社会の生成に伴い、同時送達を可能とする大量複製品、つまりマスメディアとなった。そのマスメディアは物質に体化した情報という意味で、狭義のマスメディア（新聞、雑誌、テレビ、ラジオ）に加え、いわゆる原材料を除く一般的な製造品を含む（ファスト・ファッションやスーパーマーケット等で購入可能なすべての大量生産品＝大量複製品はマスメディア、つまり物質＋情報である）。〈1対多〉の〈1〉は、効率的で正確な情報収集、効果的な情報加工、低コストかつ高品質の情報・物質生産、そして大量・高速度の処理・製造能力を持つ印刷・生産設備、冷蔵・冷凍設備、放送・通信用の各種機器、デジタル放送・通信網、さらには高速道路や大型高速車両、大型冷蔵・冷凍車両等

の交通インフラを駆使し、「その場その時」という肉声や人力の到達所要時間と到達範囲、保存不可能性に制約される〈1対1〉とは異なるコミュニケーションを実現した。〈1〉は大量複製メディアの製作とその送達・輸送能力によって大衆社会の秩序をつくり出した。その影響力はしばしば公共性や社会的責任と呼ばれる（同じ国民であれば、性別、職業、居住地域、所得等に関わりなく、同一情報、同一サービス・財を同時に同量受け取るべきであり、供給家はその実現に向けて最大限に努力すべきである、とされる）。収益源に違いがあるにせよ、全体性の生産・再生産の点では、部数や視聴率に縛られる民間のマスメディアと非・民間のそれ、メディア専門企業とその他製造企業、企業と政府との間に何の違いもない。ここで再び繰り返せば、こうした議論は技術決定論ではない。大衆が、皆が同時に入手可能なモノや情報を欲するがゆえに、政府、企業、マスメディアが相互に依存する巨大な〈1〉と〈1対多〉のマス・コミュニケーション体制が成立したのである。

(4) "全体性"の理論化

人間・社会科学の領域で全体性の問題について、最も熱心に理論化を目指したのは経済学と政治学である。経済学では大衆社会が姿を現した19世紀第4四半期頃から興隆した新古典派経済学がある。その解答が市場メカニズム（価格メカニズム）である。そこで構想されたのが、完全市場という仮設の状況である。完全市場では完全競争に基づいて価格が決まるが、その価格に市場（しばしば「社会」と同一視される）の全体性が集約されると考える。これまでの説明概念を用いれば、あらゆる〈1対1〉（需要と供給のマッチング）が市場（社会）全体において漏れなく瞬時に成立し（〈多対多〉の実現）、その結果が

全体性を体現した価格となる。しかしこれは完全市場という理論上の話である。現実には、都市に人口が急増し、資本主義が全面化し、大企業（マスメディア企業を含む）が主導する大量生産・大量消費体制が経済発展の原動力となり、国家権力がそれを支援する独占資本主義段階に入った20世紀前半に初めて価格は社会構成員全体を拘束する「社会的」、「公共的」存在となったと言える。世界恐慌に見られるように、不完全市場の問題が顕在化したからである。言い換えれば、〈1対多〉が明確に必要とされる大衆社会になって価格は初めて全体性を具有するようになったのである。

　完全市場の成立条件とは異なり、我々が知る大衆社会では、生産者（大手企業）が財やサービスの情報をより多く持つのは当たり前の光景である。消費者全員が時空の格差なく、無数とも言える生産者とその商品の同量・同質の情報を入手・処理することがどのようにして可能なのか？　探索コストや取引コストはいったいどのくらいかかるのか？　そもそもコストや時間の問題なのか？　東京の全住民が、例えば安価で美味しいと評判になった北海道産の野菜を毎日、即時購入できるわけではない（そもそも東京の消費者全員が「評判になった」という情報を同時に同量、入手できるかという問題がある）。それでも時間をおいて高い代金を払えば入手ができなくもない。現実の価格の最終的な決定権は、比較的少数の「大手」もしくは「ブランド」力を持つ生産者や流通業者が握り、それらの価格はベンチマーク（基準値）として機能する。そうした大手生産者や流通業者の利益はかなり長く確保される。大手生産者の破綻は稀だが、逆に消費者の生産者市場への参入はさらに希少である。失業の長期化は日常的な光景である。低賃金を甘受したとしても就労が難しい状況は珍しくない。経験20年以上、年収1500万

円の金融業従事者が、「要経験」の年収600万円の農業法人に転職することはきわめて困難である。

　〈1対多〉が要求される状況は市場の失敗や不完全市場と理解されるが、現実世界では不完全競争と狭く理解される。そのうえで〈1〉を構成する政府が市場を不断に「監視」し、時に介入し、是正（競争促進）が図られる（独占禁止法の適用等）。繰り返せばその目的は、失敗した市場で決まる価格は公共性（全体性）と乖離（かいり）しているので、政府が市場に介入し、より完全な競争環境を整えることにある。全体性（完全な価格）は市場での完全な競争から生まれる、そして何よりそれが大衆市場（独占資本主義下の市場）でも可能だ、と信じられているからである。もちろんこれはかなり現実離れした仮定である。「国家社会」（市民社会）が崩れた後に誕生した「大衆国家」の存在目的とは、真の意味での完全競争の実現（完璧な〈多対多〉、つまり〈1対1〉による完全分割）が不可能であることを前提としたうえでの〈1対多〉の提供を通じた全体性＝公共性の実現である。例えば、国は国際競争力強化などの名目でしばしば産業界に介入する。それは巨大公営企業の分割・民営化や民間同種企業の集約化等のいわゆる業界再編である。そのようにして〈1対多〉における〈1〉を安定的なものとする。そのような〈1〉（独占や寡占にならない程度の巨大企業や企業グループ）が存在しないのが理想的なのかもしれないが、現実問題として、大衆社会において夜警国家を実現することは不可能である。そうであれば、実は完全競争（〈多対多〉の〈1対1〉による完全分割）を実現させようとするくらみを容認することはできない。換言すれば、国家に「スーパー聖徳太子」のような「革命分子」（国民全体の情報を細大漏らさず持ち、微塵も不満が出ないよう瞬時に調整できる人物）が一人として存在し

てはならないのである。

　他方、政治学の分野では直接民主主義がある。こちらも〈多対多〉、つまり〈1対1〉による完全分割の企図として住民全体が徹底的に議論し、意見を完璧に集約する。そこでは固定的な権力は存在しない。それは完全市場の原理と同じである。しかし人口規模が拡大し、流動性が増し、産業構造が複雑化し、時間が決定的に重要性を持つ社会（大衆社会）になれば、住民代表（代議士、代議員等）をまず選出し彼らが議論し（間接民主主義）、そのうえで多数決により意見集約を図るほかなくなる。多数決で採用された選択肢が一般意思として実現が目指される。これも大手企業が実質的な価格決定権を握る大衆市場と同様である。そうした「民主主義」に不満が出ないのは、大衆の価値観が均質的で、多数決の少数派（敗北者）も多数派（勝利者）も、実はその意見や価値観に大差がないからである。

　このように不完全市場や不完全社会（不完全な〈多対多〉）を補完し、全体性の実現を目指すのが、大衆社会化に合わせて誕生したマス・コミュニケーション体制（〈1対多〉）である。

　ブルジョア民主主義ではその政治権力は国民に由来し、普通選挙を通じた政府の樹立により稼働する。プロレタリアート民主主義では人民独裁により正当化される共産党が一党支配する。大衆（労働者。いずれも masses）が均質的な存在（〈1〉としての〈多〉）としてしか国家権力を再生産できないのは非民主的だが、そうした逆説の上にしか生まれないのが全体性を基礎に成立する大衆民主主義国家なのである。

　欧米において主権者、つまり全体性を形成する主体としての国民の概念（国民主権）が鮮明化し、国民国家の形成が進んだのは18世紀末からである。資本主義化と都市化が進んだ19世紀に入り、一人一票という普通選挙や多数決という投票による全

体性(一般意思)の形成方法が考案され、大衆社会状況が鮮明化した20世紀前半には大企業体制と併せて「大衆民主主義制度」(ブルジョア民主主義)として定着した。

2 〈多対1〉——ニューメディアと分衆社会

〈1対多〉のマス・コミュニケーションを通じてともかくも安定を維持してきた大衆社会は1970年代頃から変容したとの見方が一般的である。公害、自然破壊、地球資源の有限性への覚醒、大量生産消費体制への疑念、経済社会の情報化・サービス化、業種・職種、勤務時刻・時間等の多様化、女性の社会進出、ニューメディア(放送と通信の融合、マルチメディア化等を含む。以下同じ)の誕生など、経済成長の限界やライフスタイル、価値観の多様化を反映する動きが噴き出した。それらは当時、喧伝された「脱産業社会」、「知識経済」、「知識社会」などの言葉と呼応する。既成の体制や大衆文化に抗う対抗文化も出現した。

日本ではそのような多元化した人々のライフスタイルは既存の「大衆」の概念では捉え切れないとする論考が1980年代半ばに相次いで現れた(藤岡, 1984, p.216)。広告代理店の博報堂生活総合研究所は1985年、「大衆」に代わる「分衆」という言葉を造語し、「少衆」という言葉とともにジャーナリズムをにぎわせた(博報堂, 1985, p.250)。「分衆」は同年には新語・流行語大賞に選ばれた。より中立的に「新階層消費」という言葉を使う論者もいた(小沢, 1985, p.248)。現象的には、その頃にはテレビの普及率が1世帯当たり1台を超え、マスメディア情報の受容単位が「家」から「個人」に変わった現実があった。チャンネル数や放送の曜日と時間に縛られる放送局は、「個人」をより重

視して番組を編成する難しい状況に置かれた。それに伴い、ニューメディア（マルチメディア）がもてはやされもした。ただ、「分衆」の概念が日本ですら広く浸透することはなく、むしろアカデミズムは「大衆は学術的に検証された深遠な概念」「分衆が大衆に取って代わることはあり得ない」などと批判的に論評した。あるテレビ局は「大衆なしには存在意義が疑われる」としてわざわざ「新大衆」という言葉をつくり、反論の書を出版した（TBS調査部［編］, 1986, p.219）。「営業妨害だ」との感情的な反論は別にして、アカデミズムからの批判は、市民社会と異なり、「大衆」が国民統合の基礎となり、その国民（＝大衆）のライフスタイルが今日に至るまで世界的・越境的に広く採用され（例えばファッションや音楽・芸能、スポーツ、文学等）、民主主義の価値観を具現化するなど、大衆社会が国家規模の資本主義・民主主義を実現した最初の社会像だったからと考えられる。社会学を含む近代社会科学の成立が19世紀末の大衆社会の生成期であり、いま現在もその時期に誕生した理論的枠組みや概念が数多く用いられていることも、「大衆」や「大衆社会」の観念から容易には離れられない理由と考えられる。

　しかし、大衆社会、大衆文化が、特にインターネット接続機能が標準搭載されたWindows 95（OSR2以降）が普及した1990年代後半から急激に変化しているのも疑えない。新たに生成した社会を繋衆社会と呼べば、繋衆社会は価値観の多様性を前提とし、その多様性に基づく社会を構想する。その点で、繋衆社会は、大衆文化というより分衆文化にそのルーツを見出すことができる。いまの時点から時間軸に沿って整理すれば、大衆社会の後に、たとえ大衆社会の枠組みの中ではあっても分衆社会が現れ、その後に大衆社会とは異質な繋衆社会が形成されつつある、と言うことができる。

第2章　大衆社会とその変容

　分衆社会化のダイナミズムを簡単に言えば、人々の価値多元化である。そうした価値観やライフスタイルの多様化により、〈1対多〉(マス・コミュニケーション体制)の均質化(全体性の確保)メカニズムは機能しにくくなる。時代転機を示唆する具体的な出来事や現象は五つに整理することができる。
　ⅰ) 公害問題を含む環境問題の浮上
　ⅱ) 経済成長の限界。低成長、安定成長時代の到来
　ⅲ) 大企業という組織や国家の「境界」を動揺させる情報化
　ⅳ) 企業の多国籍化を含む経済国際化
　ⅴ) 自然志向や脱都会、DIY(自作・自用)の興隆。カウンター・カルチャー(対抗文化)、サブカルチャー(下位文化)、オタクなど大衆文化(ポピュラー・カルチャー、マス・カルチャー)に対抗したり、一般的な潮流から外れたりする文化動態

　社会的事象は相互の「関連」を指摘することは比較的容易でも、因果関係を特定することは難しい。ⅰ)～ⅴ)はそれぞれが原因であり、結果でもあるだろう。ⅰ)は大衆社会化と相まって19世紀後半から欧米日等にも拡がった産業革命(第二次産業革命)の帰結と考えるのが常識的だろうが、そもそも500～700万年前に人類が誕生したことが原因とも言える。ならば、人類誕生は結果でもあり、人類誕生の原因は何かという疑問も湧く。ⅰ)はまた、ⅱ)～ⅴ)の原因と捉えることもできる。情報化ⅲ)が成長鈍化ⅱ)の原因かもしれず、逆に成長鈍化ⅱ)が情報化ⅲ)を政策として加速させたり、企業の国際化ⅳ)を後押ししたかもしれない。もしくは企業の国際化ⅳ)が成長鈍化ⅱ)の原因なのかもしれない。また、カウンター・カルチャーやサブカルチャーⅴ)が成長鈍化ⅱ)を招いたのかもしれない。ともあれ、それぞれに対する反応や対応は以下の通りであ

る。

 aⅰ)。自然保護活動が活発化すると同時に、イノベーション（技術革新）による環境問題の克服が唱道。

 bⅱ)。情報化を含む経済サービス化の推進、上の「ⅰ」とも関わるが省エネを含むイノベーションの促進等が打ち出された。環境破壊を含め経済成長に偏向する経済学批判も湧きおこった。

 cⅲ)、ⅳ)。情報化は、自由化（規制緩和）と相まって進行する。その両者は大衆国家を特徴づける平等イデオロギーを揺るがす。だとすれば、経済構造転換を目指す、さらなる情報産業育成を含む経済サービス化の推進（上記のⅰ、ⅱ）は自壊的な政策にも見える。これは後にも述べる重要な観点だが、政府はこの頃から所得再分配政策や大量生産・消費型産業の保護・育成策の有効性が減じたことを自覚し（それを口にするかは別問題として）所得格差の拡大を容認し始めたように見える。また同時に自由化・国際化にもさらなるアクセルが踏み込まれた。

 dⅴ)。一部の大衆も、自ら均一的、大量消費型の生活や生き方に背を向け始めた。都会や企業組織を離れ、個人が重要・必要と考える価値観に基づいて生きるべく模索を始めた。

 価値多元化に直面した、それまで〈1〉を構成してきた政府と企業組織（マスメディアを含む）の両方に共通する対応は、自由化である。政策的な自由化とは労働力、資本、財の移動や情報の選択等に関して市場原理をより機能させるべく各種規制を緩和する事態を指す。英国のサッチャリズム、米国のレーガノミクス、さらに中曽根康弘元首相（1982年に首相就任）の「民活プロジェクト」等が有名な事例である。このような1980年代の自由化の動向は、新自由主義や新保守主義の名称で言及され、しばしば「政府の役割放棄」や「弱者切り捨て」などと糾弾もされた。しかし、米、日、独等のヨーロッパ諸国で「一

部の大企業や富裕層に有利な立場であり、国民の階層による分断を生じかねないと指摘されていながら、それに反対であるはずの政党が政権を取ったとしても党派性を超えて、ほとんどあらゆる政治勢力を拘束してしまう作用」があり、「1980年代以降今に至るまで長きにわたって政治の中心にあったと言っても過言ではない」(森、2020, pp.250-251)。そうなったのは、財政逼迫により福祉国家や平等社会（数量的に測られる機会と結果の平等）を維持することが難しいのは誰の眼にも明らかになり、市民の側も相当の自助や共助を受け入れざるを得なくなったためと考えられる。こうして「『政府』と『市民社会』の対立というよりもむしろ補完関係が目立つ」ようになったのである（森, 前掲書, p.261）。

21世紀に入り、労働市場や金融市場、国際貿易等の「自由化」と増税、社会福祉分野への支出減が並行して進められる事態は一段と鮮明化している。また、人々が新自由主義的政策を認容する背景として、自由化について、ライフスタイルの自由化を含む価値観の多様化（「質的不平等」の是認）と解釈し、行動の選択肢が拡がった点をプラス評価しているためとも言える。それは1970〜80年代において興隆した、自然志向や脱都会、DIY、サブカルチャー、カウンター・カルチャーなどマス・コミュニケーション体制への抵抗運動が今日では、より一般化されたライフスタイルとして定着している事実とも整合的である。

ともあれ、そうした新自由主義と並行して、もしくは新自由主義を背景に現れた分衆社会に対し、マス・コミュニケーション体制の〈1〉の側は、大別して三つの形態のコミュニケーションで対応を試みたと言える。すなわち、①マスメディアのニューメディア化（オンデマンド対応）に代表される〈多対1〉、②サービス業に見られる〈1対1〉の拡大、③〈多〉を細分化

し〈1対多〉を小規模化する、である。③については、地方分権の推進、学校の小クラス化、大学の他大学・海外大学との単位交換・交換留学制度、ミニコミ紙・誌、ケーブルテレビ、FM放送等の地域密着型の「オルタナティブ・メディア」(もう一つのメディア)の増加など数多い。この三つが、マス・コミュニケーション体制(〈1対多〉)の構成要素としてすでに説明した三つ、つまりマスメディア(①ニューメディア化)、大量生産・大量消費体制(②サービス業の伸長)、普通選挙制度を含む大衆民主主義(③地方分権や組織の縮小、組織構成員に対する縛りの緩和等)に対応するのは言うまでもない。そして、これらが上述のa〜dのいずれかに対応するのも言を俟たない。すなわち、①ニューメディア化や②サービス業の拡大はb〜c、③地方分権など〈多〉の小規模化や組織の境界の柔軟化はaとdに照応する。

このような動向の背景にあるのは、欲求や需要(投資・消費)の主たる対象が、大量生産可能な物質から、生産量の調整が技術的、コスト的に比較的容易で、また個人すら生産・販売ができる情報(身体に体化した技術情報を含む)に変化したからである。その結果、個別的な需給マッチングを指すロングテールのテール(尻尾)が伸長する。ロングテールは大量生産品の量的マッチングに対して、すべての需給が多少なりとも異なるという点で質的マッチングに転化する事態を指す。無償取引の拡大を含め、所得の過少から欲求の充足機会が奪われる、しばしば大衆社会で見られる事態を回避できる余地も拡がる。需給の質的マッチングは、大衆社会で見られるような他者との比較で得られる満足感(同じモノの所有や同じサービスの享受から得られる満足感)より大きな幸福感を人々にもたらす可能性がある。それは〈1対1〉が生活領域全般により拡大した、よりフ

ラットな社会への移行とも換言可能である。以下、上の①〜③の動向について述べる。

（1）多様化する価値観への対応

　価値観やライフスタイルが多様化し、〈1対多〉（マス・コミュニケーション体制）の実現困難性が表面化したものの、〈1対1〉への完全分割はもちろん不可能である。そこで〈1対多〉は〈多〉（国民、消費者）の選択肢を増やすことで〈1対1〉に近づこうとする。これが〈多対1〉である。消費者に選択の自主性を発揮させるという意味で、〈多〉（国民、消費者）を一種の「送り手」に置く一方で、それまで〈1対多〉において独占的に送り手を構成した〈1〉は自らを受け手の位置に置きつつ、その姿を〈多〉に見せようとする（ビジネスモデルで表せばCtoB＝Consumer to Business）。その最もわかりやすい事例が、1980年代前半から加速したマスメディア（上記の①）のニューメディア化（以下、マルチメディア化と同義で用いる）である。

　マルチメディアとはコンピューター、特にPCを利用した情報加工技術に注目し、「テキスト、図形、画像、映像などの各種のメディアを利用目的に最適な形式で組み合わせ、しかも、対話性あるいは双方向性を有するもの」と定義できる。すなわち、1990年代後半のPCとインターネットの普及後のメディア状況を指す用語であり、それ以前については伝統的なマスメディアと区別するため情報伝達方式に着目しておおむね「ニューメディア」と呼称した。ここでは両者を特に区別せず、「ニューメディア」を主に用いる。

　ニューメディアは、日本において大別して四つの方向を目指して発展してきたと言える。すなわち、

①メディアの統合とDIY。マルチメディアは1960年代までさかのぼることができる。ラジカセとヘッドホンステレオがその始まりである。いずれも、自らの好みで選択したカセットテープを再生して音楽等を楽しむ。ラジカセのラジオ機能は、もとは一方的に音声が流れてくるマスメディアである。ステレオは主に音楽レコードを再生する専用機械である。テープレコーダーは音声や映像を記録・再生する機械である。それが1960年代のカセットテープの誕生に伴い、その再生・録音装置とラジオが合体し、音質の良いFM放送を自ら録音して楽しむスタイルが誕生した。それは音楽メディアのDIY（自作・自用）と言える。映像も同様である。1960年代に比較的安価な家庭用ビデオデッキ（VTR）が登場し、テレビ放送を録画して楽しむことが可能になった。音楽や映像の記録媒体は進化を続け、録音・録画テープからCD、DVDへ、Blu-ray Discへ進化し、さらにオンデマンド型の多チャンネルTVが普及した。

②携帯性の拡充。記録・再生行為の時間制約からの解放（いつでも録音・録画・再生可能）、続いて記録・再生行為の空間制約からの解放（どこでも録音・録画、再生可能）、そのための小型化（携帯可能化）・無線化・低価格化、電池・蓄電池開発。上記の①とも関連するが、DIYは時空を選ばずにコンテンツを楽しむ欲求に結び付く。自作された音楽テープは携帯されるようにもなった。

③脱マスメディア。そうしたコンテンツ（情報内容）の加工・編集機能など情報のより高度なDIYや双方向性の実現。ニューメディアは1980年代、デジタル技術を用いた音声通信とデータ通信、放送と通信の融合等を受け、コミュニケーションのオンデマンド化のほか、地域密着、双方向性の実現を通じた日常生活全般の情報化を目指して政策的にも推進された。BSや

CS放送、CATVをはじめとする有料TV等の多チャンネル化も進んだ。ただし、経済効果の計算に傾斜しがちな企業主導の弊害、例えばコンテンツの量や種類の限定性、ハードウェア（情報端末）、ソフトウェアの制約などからほとんど見るべき成果をあげることができなかったというのが、ICTが社会の隅々まで普及した今日時点からの総評と言える。

　④コンテンツの発信可能性を含むコミュニケーションの双方向性の実現。1990年代後半にデータ通信が可能なスマートフォンが導入され、インターネットの普及が進み、iPhoneの販売開始（2007年）を経て、一般消費者が本格的な情報の送り手に変質。マスメディアの拡張として企図された③が個人の手に移って実用化に弾みが付き、一気に普及した。

　このようにニューメディアの発展とは、チャンネル（情報伝達経路）、ハードウェア、コンテンツ（情報内容）を垂直統合していたマスメディアが、価値観やライフスタイルの多元化に伴いコンテンツの個人化（パーソナライズ）を迫られる中で、情報・通信のデジタル化（1980年代）、規制緩和、インターネットの一般家庭への普及（1990年代末）等を受け、解体されたプロセスと言える。21世紀に入り、電話、音声・写真・動画の録音・録画・再生・編集・伝達等ほぼすべてのコミュニケーション機能をプロ用機材に劣らぬ水準で備え、携帯も可能な小型端末（スマートフォン等）が普及すると、ニューメディアやマルチメディアという言葉は、ICTに取って代われた、とも指摘された（上記の④の段階）。コンテンツのDIYは、携帯端末へのアプリのダウンロードや操作方法の自助とも並行して進んだ。取扱説明書が例外なく付属するそれまでのハードウェア機器と異なり、消費者（利用者）が自力で、もしくは消費者同志が口コミで利用・活用方法を習得することが普通になった。

ICTが取って代わる以前のニューメディアにおいて、「多元化した〈多〉」（＝分衆）は、「有名人」（マスメディアで名を成した人々）の音楽や写真、映像等のパッケージ商品を最大限に個々人の好み、価値観に合わせて入手しようとした。もちろん、その〈1〉は「モノの〈多〉」である。世の中に1人しか存在しない有名人〈1〉は、自らの分身として肖像画や作品の複製品を最大限に多品種つくり、〈多〉に提供しようとする。そうすることで〈1対1〉の大量・同時展開を実現しようとする。しかしモノには有限性があり、複製物は「同一内容の再生」以上の情報発信能力を持たない。分衆のすべての欲求・要求を満たすにはまったくの非力である。逆にそうした限定性から企業はより多くの収益をうみ出すことすらできる。多様化する人々の欲求・要求を完璧に満たす〈1対1〉の実現が依然として不可能である以上、分衆社会が安定を維持するには、大衆社会と同じく、全体性を不断に更新するマス・コミュニケーション体制による補完が必要である。それは〈1対多〉の〈1〉としてマス・コミュニケーション体制を生産・再生産してきた政府・企業は、人々の価値観やライフスタイルの多様化に対して本質的にはまったくの無力である、むしろ全体性を再生産する点で抑圧的ですらある、という冷徹な事実を改めて示すものでもある。

（2）サービスと技術の個人化

　〈1対多〉を生産・再生産してきた大組織（〈1〉）は、本来的に人々の価値観やライフスタイルの多様化に対応できない――。対応できるのは、ほかならぬもっぱら享受者と見なされてきた人々自身、もしくは本人自身（DIY）である。これは大組織やその関連産業（モノや情報の生産企業）が後退を余儀なくされることを意味するが、他方で分衆自身では生産が難しい高

第2章 大衆社会とその変容

度なモノやサービスの需要が増加することをも示す。その変化は産業分類別の生産額や付加価値額において、一部の高機能生産財・資本財メーカーを別として、第二次産業のシェアが全体として低下する一方で、第三次産業のそれが増加することに現れる。そうした変化は一般に産業構造の高度化や経済サービス化と呼ばれる。

ニューメディアは情報の「受け手」の選択の幅を拡げるが、あくまで情報がモノに体化した複製品(例えば音楽・録画テープ、CD、DVD、Blu-ray Disc等の各種メディア)やデジタル情報の複製物であり、生身の人間ではない。「その場その時」の情報発信能力は有さないので、双方向のコミュニケーションを通じて不断に唯一性をつくり出す〈1対1〉を代替することはできない(あらゆるモノがAIを搭載するようになれば、一定程度は〈1対1〉を代替することが可能になるかもしれない)。これに対し、多様化した欲求・要求を生身の人間で対応するのがサービス産業であり、〈1対1〉がその基本形である。その意味で、経済サービス化は、単に経済・産業構造の変化にとどまらず、社会全体の有り様を変容させる。

サービス業は業種や業態の多様性にもかかわらず、製造業とは異なる共通した四つの特徴を持つと言える。すなわち、①生産過程における人間の〈1対1〉関係、②生産者と消費者の一定の科学・技術的知識や敏感情報の共有、③生産過程への「売り手」「買い手」双方の「無償労働」の大きな介在を含め、料金決定の相対性。逆に言えば、同一料金でもサービス内容が異なるのが常態、④上述の①〜③の特徴、および保存や交換が難しく、「その場その時」に「共同作業として生産・消費」されるサービスの特性から生じる消費者と生産者の間のある種の信頼関係、である。

サービスは例外なく〈1対1〉が介在するが、〈1対1〉そのものに代金が支払われる場合もあれば、〈多対1〉を通じての場合もある。〈多対1〉のそれは多品種をそろえるホームセンターや量販店、大型ショッピングセンター等の物品販売や極度にマニュアル化されたサービス（チェーン店型のハンバーガーショップ等）が挙げられる。職種で言えば飲食・小売業である。商品選択の幅は比較的広く、商品知識が豊富な職員を配置する店舗もあるが、基本的には消費者（〈多〉）は売り手が事前に用意した、品数が比較的限られた商品を売り場で選択するか、メニューに従い注文し、売り手（〈1〉）は選択・注文された物品を機械的に生産・販売する。支払代金の対価はあくまでモノであり、モノの販売（小売・卸売）、流通に関わるサービスは競争原理が働きやすくもあるので、価格設定は比較的明瞭である。この種の物販・物流サービスは、〈多対1〉に含まれる〈1対1〉（対人）の部分もしくは全体を自動販売機やロボット、AIなどで代替することが容易である。例えば、小売店の無人レジはもはや珍しくない。コンテンツやアプリケーション等の多くのソフトウェアは消費者自らがダウンロードする。小型貨物というモノの送料は縦横高さの3辺の合計や重量で決まり、ネット上で見積もりや集荷の依頼が可能である。集荷や配達の完全「無人化」も時間の問題と言える。モノのカスタマイズは高コストであり、需要は限定されがちだが、技術革新が進む3Dプリンターの普及により、実現領域は拡がりつつある。加工・複製・保存が容易なデジタル情報のカスタマイズはすでに相当程度に自動化・無人化されている。

　物販でも〈多対1〉に止まらず、より細分化された欲求・要求を満たすべく考案されたのが〈1対1〉型のCtoC（消費者間取引）である。オークションを含むフリマが代表例である。フ

リマでは販売終了品や完売品、もともと非売のマニアックな物品でも、売り手が提示する価格に同意すれば、購入できる。典型的なロングテールの取引事例である。主なフリマ（フリーマーケット）や通販では、その取引について、買い手が満足度を投票し、売り手を評価する仕組みが導入されていたり、仲介者による補償体制（交換・返金、不良利用者の排除等）を整えたりしている場合が多い（上述の④「信頼関係」の担保）。

　他方、ほぼ完全に身体技術（職人技や高度な専門知識）に依存するオーダー・メイド（受注生産）型のサービスも少なくなく、サービスの真骨頂はこの点にあると言える。この種のサービスが上記の①〜④により関わる。AIによる代替が困難な分野でもあり、その困難の度合いが増すほど「高度なサービス」と評価される。

　このサービスでは、消費者の比較的細かな注文を受けて、「その場その時」に即興的に生産が行われる。その即興性が最大化されたサービスを最高のサービスと呼ぶのであれば、最高のサービスを享受するには上述の②、つまり生産者と消費者の間で、消費者の個人情報やプライバシー、そして科学・技術情報・知識が少なくとも一定程度は共有されていることが必要になる。その代表例は医療サービスである。既往歴や家族の病歴など消費者（患者）の重大なプライバシーを生産者（医師や看護師）に披瀝しなければ、適切なサービスを受けることは難しい。カルテはそうした敏感情報の塊である。症状を正確に医師に伝え、医師の質問に適切に答える消費者側のコミュニケーション能力も必要である。消費者にわずかではあっても人間身体に関する科学・技術的な知識があれば、そのコミュニケーションはより実り豊かなものになるかもしれない。遠隔医療では消費者側におけるそうした知識は尚更に重要になるだろう。看護

師や薬剤師との対話でも同様である。日本の「かかりつけ医」制度はそうした患者の全体的・継続的な情報の把握が導入目的の一つである。主治医は当該患者のより専門的・特殊的な情報を蓄積している。

資産・負債状況の一定程度の開示が必要な金融サービスや特殊な教育サービスも同様であり、生年月日、職業、収入、勤続年数、既婚か否か、財産内容等の個人情報やプライバシーに関わる情報、および一定程度もしくは相当程度の関連の専門知識・情報やコミュニケーション能力が要求される。こうした分野に加え、近年では美容・理容、健康分野等においてサービス向上、顧客の囲い込み（「お得意様化」）を強化すべく、「カルテ」を導入するサービス産業も少なくない。大衆の分衆化、繋衆化に伴い、今後ともサービスはますます細分化し、その需要が一段と増加・高度化するのは間違いなく、それに従い需給者双方の情報管理やコミュニケーション能力が一段と重要になるに違いない。また、こうした流れに従い、サービス供給者が組織に属していたとしても、就労実態はフリーランスに近づき、組織が提供するのは経理業務と若干の営業のみというように、その構造はよりネットワーク状のものへと変わってゆくと考えられる。

このようにサービスは、その生産・消費はおおむね〈1対1〉の人間関係において行われ（上記①）、生産過程により深く関わるために消費者側に一定程度の専門知識・情報、コミュニケーション能力が必要であり（上記②）、生産者が持つ技術・ノウハウ・知識に対する消費者からの評価に主観が入り込む余地が大きいこともあり（上記③）、消費者と生産者の間の信頼関係（上記④）がなければ満足のゆく売買関係は成立しにくい。

第2章　大衆社会とその変容

　サービスの発生は、製造業（モノの生産）における分業の発展と同じ理由に基づくものもあれば、正反対のものもある。例えば、家族（血族）のみでの生活や小規模共同体においては需要は自足できるが、人口増や欲求・要求の多様化に伴い、生産技術の専門化・高度化、生産性向上、コスト削減等が求められ、分業・協業が発生する。分業はモノ（製造業）からサービスへと拡がる。それに従い、家庭内労働や地域内の協力的労働として無償だった各種サービスは外部化（市場化）し、次第に有償化する。そうした外部化のプロセスは、大量生産品への倦厭、大量消費体制への反発へと行き着くかもしれない。「もう一つのライフスタイル」（alternative life style）の追求とも言える。そうした多品種・少量生産を「他者の手」で実行するのがオーダー・メイドであり（厳密に言えば、サービスはすべてオーダー・メイドである）、「自らの手」で実現するのがDIY（自作・自用）である。また、「他者の手」でも、地域や近隣等との協力体制の再構築により、サービスのいくつかは再び無償化されるようになるかもしれない。

　DIYの担い手について、アルビン・トフラーは1982年、「生産する消費者」（生産消費者）を意味する「pro-sumer」という概念を創造した。生産消費者の台頭は、分析的には、生産者（供給者）と消費者（需要者）の物理的・機能的な接近、もしくは生産技術の消費者への移転などと言い表すこともできる。前者は「田舎暮らし」や地産地消の例を挙げられる。機能的な接近の事例としてはCtoC型（消費者対消費者取引）のフリマやシェアビジネスがある（シェアはBtoCのレンタル事業とは異なり、一般消費者が所有物＝資産を使い回しする形態を指す）。後者（生産技術の消費者への移転）は、消費者が一定の専門知識やコミュニケーション能力を有さなければ成立しにくい、上

述した医療や教育、金融等の高度サービスはもちろん、家具や家電品、ICT製品などモノの購入・利用の場合にも求められる。消費者自らでの組み立てや簡単な修理、利用方法の習得等が要求されるので、取扱説明書を読み、工具を使いこなし、さらには誰かに尋ねたりする能力が求められる（森, 2006, pp.175-194）。第二次産業革命が進行した1870年代の米、独、日等において、産業界の必要から国と企業の科学投資が増加し、科学は技術に急接近した（山田, 2010, p.91-92）。大衆社会化という社会の均質化プロセスが進行するなかで、生産の機械化と大量化により需要の平等化、換言すれば「民主化」が求められたからである。それに従い、個別的な受注生産で如何なく発揮された職人技（craftsmanship）は徐々に駆逐された。この動向に対し、経済・社会のサービス化は、「科学技術の個人化」や人間身体が具備する特殊・希少技能に改めて焦点を当てる。

　大衆社会の技術が、実験室・研究室で生まれた、大量生産のための「製造業の科学技術」だったのに対し、個人化された科学技術、「職人技」や「技能」の応用事例であるDIYは個人が技能を身に付け、目的や好みに従って自作・自用する。それは大量生産・大量消費を推し進める巨大企業や国家への対抗の意味もあった。DIYだけではない。上述の通り、サービスも生産者（供給者）と消費者（需要者）の「科学技術の共有」なしには成立し得ない。それは無形、非意図的なオーダー・メイドとも言える。

　科学技術の共有とは、さらに消費者（需要者）側からの無償労働の提供とも換言できる。自作・自用は当然として、生産過程において、消費者は多少なりとも生産者（供給者）に無償で労働を提供する。労働とは口頭説明の場合もあれば、身体を物理的に動かす場合もある。そのような「言葉」や「身ぶり」に

第2章 大衆社会とその変容

技能的要素が含まれれば、より優れたサービスが生産されるだろう。コミュニケーションが貧弱であれば、生産されるサービスはより劣るに違いない。ただし、その優劣二つがまったく同じサービスの注文であれば料金は同額であるだろう。また、より高度な技術を要する高価な注文であっても、消費者の「言葉」や「身ぶり」が貧相であれば、より安価なサービスより、最終的に提供されるサービスの質が劣る可能性もある。これは機械を介在させることで、同一労働・同一賃金により品質と価格の均一化を目指す大量生産の思想とは異なる。このようにサービスとは、生産者（供給者）と消費者（需要者）の双方が自己表現し合う、つまりコミュニケーションにより生み出される成果物とも言える。

これらに一貫しているのは、〈1対多〉の〈1〉が、消費者の欲求・要求を満たすべく、選択肢を増やそうとすればするほど、〈多〉（消費者）に生産への関与を依頼するようになる、という一種の逆説である。換言すれば〈1対多〉は、〈多〉により多くの選択肢を提供するという目標達成のため〈1〉の生産能力に依然として頼る余地の大きい〈多対1〉の段階を経て、ついには消費者自身に依存せざるを得なくなる。

1980年代後半、BtoC（対消費者ビジネス）で世界を席巻した日本の電気（家電）メーカーの収益性は概して悪化したが、一部メーカーは新興国の躍進が著しく価格競争では勝負できないと判断してハードウェア部門を縮小もしくは完全撤退した。代わって注力したのが映画やゲームソフトなどコンテンツ産業、および高機能部品・材料や特殊機械の製造つまりビジネスモデルで言えばBtoB（企業間取引）だった。これは〈1対多〉から〈多対1〉および（BtoBの意味において）〈1対1〉への動きだが、その後のICT化の流れのなかで、電気（家電）産業の中

身はさらに電子（デジタル情報の処理・送信）およびソフトウェア産業へと急速に変容した。21世紀に入り、アプリケーションとプラットフォームに強みをもつ米国企業とハードウェアに競争力を持つ中国や韓国企業が対消費者ビジネスで世界を二分するようになった一方で、アニメ等のすそ野の広いサブカルチャーを擁し、また高機能素材や電気・電子部品で強みを保つ日本企業が、ビジネス規模では限定的であるものの、世界で存在感を示すようになったのは周知の通りである。

（3）〈1対多〉の細分化と"グローバル・リジョン"

　1970年代、一定の物質的豊かさを手に入れた大衆の価値観は多元化し、大量生産・大量消費は限界を見せ始めた。経済成長率の鈍化傾向は基調化した。〈1対多〉の〈1〉はサービス化に加え、〈1対多〉の小規模化もしくは細分化によってもそうした変化に対応しようとした。例えば、〈多〉を100万人とすれば、それを20万人ずつ五つに分割する。〈1〉も五つに「分割」するなどして増やし、それぞれに大きな自主権を与えつつ、五つの〈1対多〉をつくる。それまで受動的な消費者、視聴者・読者だった大衆の選択肢を拡げ、あたかも生産者や送り手に変貌したかの如く、より大きな能動性を発揮させる。それは〈1対多〉から〈多対1〉への展開でもある。大衆の分衆化を受けた動きだが、その名前が「ニューメディア」、「ミニコミ」、「地域メディア」、「地方の時代」など何であれ、その本質が〈1対多〉のマス・コミュニケーションであるのは変わらない（なお、些細なことかもしれないが、「ミニコミ」とはミニ・コミュニケーションの略語として用いられるが、マスメディアの対義語の含意がある以上、「ミニメディア」と呼ぶのがふさわしいように思える。そして「ミニメディア」はマス・コミュニケーシ

ョンである)。

　〈1〉が主導する〈1対多〉の〈多対1〉への展開は政治、経済、マスメディアのいずれにおいても見られるが、総じてみれば、一つの共通したパターンがあると言える。すなわち、人々の価値多元化を受け、行政がまず自由化（規制緩和）を原則に政策を練る。しかし現実は、多様な価値観の受け皿となるべき地方企業・地方自治体や中小企業・中小自治体が余りに疲弊するか力不足で、むしろ全国における東京、大阪等の大企業・大規模自治体の財政力や自立性がより際立つ結果に終わる——。

　【政治】日本の政治においてその代表例は地方分権である。1960年代後半から地域・コミュニティ・自治等が盛んに論じられ始め、コミュニティ論、都市政策論、自治体論が登場した。しかし現場レベルで実際に呼びかけたのは主に大都市圏の自治体だった。

　間接民主主義に関わる諸制度では、選挙区定員見直しや区割りの変更がある。1947年から1980年まで参議院議員選挙では定数100人の全国区と定数150人の地方区、候補者名で投票する選挙が実施されていたが（1950年は半数改選により50議席と75議席）、莫大な選挙資金、知名度が高く、また組織票が集まる候補者の絶対的な優位性、死票の増加等から1983年に公職選挙法が改正され、全都道府県を対象として政党名で投票する拘束名簿式の比例代表制に変更された。ただし、2001年以後は現在の非拘束名簿式による比例代表制に変更されたため全国区制が復活したと指摘する意見もある。これは1970年代後半からの分衆化（物理的な地域）から、1990年代後半からの繋衆化（個人を単位とする仮想的な地域）への変化の文脈で解釈することもできよう。

また定数是正では、過疎地方における〈1対多〉の相対的な大規模化（定数減）、大都市部での〈1対多〉の相対的な小規模化（定数増）もある。衆議院議員選挙では1964年に「19増」（1967年選挙で適用）、1975年に「20増」（1976年選挙で適用）、1986年に「8増7減」（同年選挙で適用）、1992年に「9増10減」（1993年選挙で適用）、2002年に「5増5減」が実施された。ねらいは「一票の格差」の是正だが、「一票の格差」が是正されても、人口の大都市集中が続く限り、大都市選出の議員数が増加する一方で、小都市選出議員が減少する「定数格差」は拡がる。この事態は、大衆社会の全体性（平等性）を基礎に成立する国会が、分衆社会化を経て鮮明化した繋衆社会の分断性もしくは多様性の圧力を受け、存在意義が問われているもの、と解釈することができる。

　【経済】経済では大規模小売店舗の規制が挙げられる。1960年代末から新たな業態であるスーパーマーケットなど大型商業店舗の発展・出店増に伴い、地元商店街による進出反対運動が激化した。それを受け略称「大店法」（大規模小売店舗法。正式には「大規模小売店舗における小売業の事業活動の調整に関する法律」）が1973年に公布され、翌1974年に施行された。ただ、米国系玩具小売り大手への適用が外交問題化し、また各種規制緩和（自由化）の趨勢から同法は廃止され、新たに大規模小売店舗立地法が制定された（1998年公布、2000年施行）。これは大企業による小売り支配だが、販売商品が地域指向に変化する新機軸も見られた。併せて地方を拠点とする中小規模の小売店（スーパーやホームセンター等）も誕生した。これにより一店舗当たりの商圏は縮小したが、消費者にとっては業態が異なる店舗の増加に伴い選択の幅が拡がったほか、立地地域やその近郊での農産品・特産品販売や地場食材を使った料理等が提

供され、鮮度や味覚等の選択肢が拡がる状況も現れた。

【メディア】メディアではニューメディアの推進がある。先に〈多対1〉のニューメディアについて、〈1対多〉の〈多〉（国民、消費者）をより幅広い選択自主権を持つ「送り手」の位置に置く一方で、〈1〉はそうした人々の要求・欲求を受動的に満たす「受け手」として立ち振る舞うもの、と述べた。ニューメディアは通常は放送と通信の融合（放送のデジタル、双方向化）、マルチメディア等を指すが、反マスメディアの含意で用いれば、「地域メディア」とほぼ同義である。「地域メディア」を1960年代から研究する田村紀雄は（田村, 1968, p.344. 1976, p.392）、インターパーソナル・コミュニケーションが取り交わされる場以上、県域以下（地方公共団体である市区町村及びそれ以下の一定のまとまりを持つ「地域」）のメディアという意味で「中間媒体」とも呼ぶ。具体的には、ローカル紙、行政広報、（地域企業等も含む）PR誌、フリープレス、タウン誌、有線音楽放送、CATV、CCTV、ジュークボックス類、アングラ紙、住民運動機関誌、町内会会報等のほか、「空間媒体」（歩行者天国、公園、劇場、映画館、盛り場、ターミナル）などである（田村, 1983, p.8）。この例示からも明らかな通り、地域メディアとはおおむね、一般的なマスメディアが想定する読者・視聴者の範囲（都道府県）未満のメディアを指す。一方、そうした一般的なマスメディアは、新聞によるテレビ局（いわゆるキー局）の系列化、そのキー局による地方テレビ局のネットワーク化等を進めた。大手新聞はまた地方ページを拡充するなどした。この動向は、中央行政（旧郵政省・総務省）、大手新聞、キー局、地方テレビ局、地方新聞社が分衆化の進行に直面し、いかに対応したか、日本の放送行政当局と全国規模のマスメディアの関係を最も明瞭に映し出したものと言うことができる。

マス・コミュニケーションの小規模化は、情報の送り手と受け手の距離の縮小を意味する。具体的には「地域メディア」が地域や中間集団の話題をより取り上げることで、中央政府や国益とは異なる利害を提示し集合的意思を形成することができる。しかしそれら利害が国や中央政府のそれと大差ない場合、社会管理の手段ともなる。

　近代化に従い価値観が多元化し、中間集団が増加するのは社会学の知見の一つだが、1920～40年代のファシズム期における中間集団の評価は第二次大戦後、分かれた。欧州諸国では中間集団はもともと分散的なマス・コミュニケーションなので、集権的なマス・コミュニケーション体制への抵抗力を持つと理解されたが、1920年代頃からファシストは中間集団を宣伝・扇動の機関へと都合よく改組・再編した。日本では戦時中、隣組が国家大のマス・コミュニケーションの部分へと体制内化された。第二次大戦後の町内会は体制翼賛的な性格は有さないが、単に行政の末端組織に過ぎないものもある。

　他方、〈1対多〉を小規模化する作業を繰り返せば、〈1対多〉は論理的には〈1対1〉に完全分割される可能性が高まるとの考え方も成り立つ（例えば、全国規模の〈1対多〉が47都道府県単位の〈1対多〉に、さらに1700余の市町村単位の〈1対多〉に、さらに地方公共団体より下部の地方組織の〈1対多〉へ。最終的には〈1対1〉へ）。このように繋衆社会化が進めば「地域」は「つながり」に取って代わられると考えることができる。つまり、大衆社会を構成する〈他人〉と〈友人〉が〈知人〉化し、あらゆる他者が等距離化すれば、他者との物理的距離感の短縮により成立する「地域」は消失する。新たに立ち現れるのは、〈1対1＋〉で表すことができるネットワークである。それは〈1対多〉の小規模化の産物であるにもかか

わらず、逆説的にも、地域さらには国家をも飛び越える未特定多数者（未特定少数者）が構成するバーチャルな地域である。マーシャル・マクルーハンは1962年の著書『グーテンベルクの銀河系』において、文字のメディアとはまったく異なる「先端的」な電子的メディア（ラジオやテレビ）の普及により世界の人々が結ばれる状態を「グローバル・ヴィレッジ」（地球村）と呼んだ（マクルーハン, 1986, p.528）。この発想を借用し、繋衆社会の文脈において造語すれば、新たに出現するバーチャルな地域は「グローバル・リジョン」（地球地域）とでも呼びうるもの、と言えようか。この問題は終章の最後で再びふれる。

第3章　大衆社会の政治・経済思想

　既述の通り、日本語の「市民社会」はその原語を検討すれば、「国家社会」とでも訳すのが妥当だった。その概念は個人と国家は完全であり、そのような国家（国家社会）は、個人と対峙しない社会としての国家、もしくは国家としての社会を意味した。ところが、産業革命の進行と併せて大衆社会化が進んだ19世紀、経済恐慌が頻発するようになり、失業問題も浮上した。英国では1825年に過剰生産恐慌が発生し、これ以後ほぼ10年周期で恐慌が起こった（石坂他, 1985, p.170）。その約100年後の1920年代末の米国の金融恐慌は世界へと波及した。生産が専門化・分業化・大企業化し、併せて労働と土地が商品化（貨幣化）するなどして社会が経済の従属変数化する事態を資本主義化と呼べば、資本主義化は「国家社会」を国家と社会に分裂させた。後にそう言われるようになった「大衆社会」はその安定維持のため、国家という外部的な政治装置を必要とするようになった。その政治装置は大衆民主主義とも呼ばれる。それは全体性の実現を通じて社会の安定化を図り、そうすることで国民国家を完全なものとする。つまり、マス・コミュニケーション体制により構成員全体を均質化し、量的平等化を図り、大衆を国民化する。

　欧米諸国や日本等では19世紀末から20世紀前半にかけて、そうした全体性の実現、つまり安定的な社会秩序の形成主体と原理をめぐり、いくつかの政治思想が現れた。そうした政治体制

第3章　大衆社会の政治・経済思想

をここでは2軸によって四つに分類する。2軸とは、主体に関する軸と原理に関する軸である。前者は≪国家≫と≪社会≫によって構成され≪国家―社会≫の軸を、後者のそれは≪組織≫と≪個人≫であり≪組織―個人≫の軸を設定できる。≪国家―社会≫と≪組織―個人≫の2軸を用いて抽出した四つの政治思想は、反時計回りに、修正資本主義（ケインズ主義）、全体主義（ファシズム）、無政府主義（アナキズム）、社会主義（ソーシャリズム）である（図表6）。それらに共通する特徴は、国民国家の原型である大衆社会の出現に伴い生成した「平等イデオロギー」に基づく政治思想なので、①国民という堅固な全体性を想定する、②明確な国境を持つ国家という政治実体を想定する、の二点である。これらは20世紀の大衆民主主義の前提であり、ナショナリズムとも呼ばれる。

図表6：大衆社会の政治・経済思想

```
                              国家
        ┌─────────────────────────────────────────┐
        │         【20世紀：大衆社会】              │
        │  ┌──────────┐         ┌──────────┐      │
        │  │ 全体主義 │         │修正資本主義│      │
        │  │(ファシズム)│       │(ケインズ主義)│   │
        │  └──────────┘         └──────────┘      │
個人 ←──│──────── "市民社会" ──────────────│──→ 組織
        │  ┌──────────┐         ┌──────────┐      │
        │  │ 無政府主義│         │ 社会主義 │      │
        │  │(アナキズム)│        │(ソーシャリズム)│  │
        │  └──────────┘         └──────────┘      │
        └─────────────────────────────────────────┘
                              社会
```

出所）筆者作成

　このうち≪国家≫の軸は、マルクス主義により市民社会を源流とする「ブルジョア民主主義」、もしくはそれに源流を持つ

思想と位置づけられる。≪社会≫の軸は、そのマルクス主義者によりプロレタリア民主主義、つまり資本主義と対峙する広義の社会主義と呼称される。

　安定化の主体である≪国家―社会≫の軸について付け加えれば、≪国家≫の側にある修正資本主義と全体主義は、社会を安定化させるには「強い国家」や「絶対権力」が必要と考える思想である。これに対し、≪社会≫の側にある社会主義と無政府主義は、社会不安定化の根本にはむしろ資本主義と癒着した国家の存在があるので、その資本主義国家の否定こそが社会の安定化をもたらすと考える。このようにマルクス主義も、市民社会の概念の中核を占める社会の自然調和性を原点に据える点で、古典的な自由主義の申し子である。

　安定化の原理についても付言すれば、≪組織≫とは〈1対多〉の〈1〉を構成する、マスメディア企業を含む大企業等の中間集団を指す。≪個人≫とはそうした中間集団が崩壊し、人々がアトム化（原子化）した状態を言う。中間集団が存在し機能すれば、その状態は市場経済国家と呼ばれ、市場メカニズム（価格メカニズム）や一種の社会メカニズム（人間本能に基づく共助）により、社会は国家の強い介入なしに自律的に機能・存続しうる。戦争、経済恐慌等により中間集団が機能不全に陥れば、国家は経済とアトム化した個人を統制し、社会の安定化を図る。経済的統制の代表例は価格統制であり、それは自ずと企業活動と個人を国家の指揮・監督下に置く。国家資本主義の代表的事例はナチスドイツ（1933～45）の経済政策に、社会統制のそれもナチスドイツのユダヤ人迫害や密告制度に見ることができる。

第3章　大衆社会の政治・経済思想

1　修正資本主義（ケインズ主義）

　≪国家・組織≫の象限である。アダム・スミスが確立した「経済的合理性は自ずと社会調和をもたらす」といういわば「市場主義」に立脚するが、その市場は大衆社会においては不完全化するので、政府の市場介入により完全化を図る、という考え方である。ケインズ主義とも換言できる。1929年に起きた米国発の経済恐慌後のニューディール政策がその具体例であり、20世紀において最も普及した政治思想と言える。

　修正資本主義では公共事業に加え、大企業を主な担い手とする大量生産・大量消費体制が推進される。ブルジョア（新興の自営商工業者）が王権や聖職者、貴族等の身分制を打倒し、より多くの自由を獲得し利益を追求しさえすれば、「国家社会」（市民社会）が自然調和的に成立し安定・維持される、という時代状況はすでに過去のものである。国家と社会の安定と繁栄に関して、賃金労働者と企業、国家の間でコーポラティズム的な協調主義が全面化する。普通選挙を通じて民主的に構成される政府は、市場メカニズムを円滑に機能させるべく市場競争を促進するが、競争の主体は大企業であり、政府もそれらを支援する。活発な市場参入や退出は経済・社会の不安定化要因としてむしろ好まない。大企業による大量生産・大量消費体制こそが大衆の均質化（平等化）と就労、購買力を保障し、大衆社会の安定維持に役立つと考える。そのような思慮は米国ではフォーディズムと呼ばれ1910年代に発展した。マス・コミュニケーション体制の下、公共・社会政策（所得再分配や社会保障・福祉、教育等）や競争政策等が実施され、国民全体の健康で文化的な生活の実現が図られる。それにより国民としての一体感

（ナショナリズム）も醸成される。

　大企業や中小企業だけでなく、大衆のほぼすべてが生涯を通じて教育機関、趣味の組織、非営利団体など複数の中間集団に属する。誕生後まもなく保育園や幼稚園に入り、小・中・高校、大学・専修学校等に在籍し、その後は主に賃金労働者として就労する。これらすべての中間集団は〈友人〉をつくる役割を果たすが、大衆は〈1対1〉の〈1〉（〈友人〉）だけでなく、〈1対多〉の〈多〉（〈他人〉）をも構成し、大衆社会の安定維持に貢献する。ただし、この修正資本主義も1970年代から世界共時的に揺らぎ始め、1980年代の新自由主義（新保守主義、リバタリアニズム）の台頭後は、程度の差はあっても、再修正を余儀なくされている。言うまでもなく、その背後にあるのは、分厚い中間層がつくる「平等社会」という意味での大衆社会の終焉である。

2　全体主義（ファシズム）

　≪国家・個人≫の象限である。第二次大戦時の主要な枢軸国であり、三国同盟を結んだ独、日、伊で1930年代に特に鮮明化した（伊は1943年に離脱し連合国側に参加。一方、独の衛星国としてイタリア社会共和国（RSI）が建国され枢軸国側として敗戦を迎える）。その3カ国は、先発の資本主義諸国に対抗する必要から、政府主導で経済発展を進めた後発資本主義国であり、1929年の米国発の経済恐慌の影響を強く受けた。第一次大戦後の賠償金支払いを米国が支援するドーズ案が機能不全に陥った独は、政府財政が破綻し、企業倒産も相次ぎ、失業者が急増した。日本と伊は資源が乏しく、経済恐慌の影響を受けやすかった。政府財政は逼迫し、同じく企業倒産の増加により失業

者が溢れた。

　政府が支援してきた大企業、つまり中間集団が機能不全を起こすことで、国家がエリートと資本家を直接に囲い込み、国民を統御し経済・社会の再建を進めるほかなくなった。この体制を全体主義的国家資本主義と呼べば、それは社会主義に似るが、社会主義が生産手段を私有する資本家を認めない点で、また社会主義がマルクス主義という文字化された原理に依って共産党組織を通じて社会を管理するのに対し、全体主義的国家資本主義は同じく一党支配だが、国家が原子化（アトム化）した個人を直接に支配する点で、対照的な位置にある（社会主義ではエリート＝知識人は資本家階級に含まれない）。このため全体主義的国家資本主義は、一党支配というより、特定指導者の個人崇拝体制の色彩を濃くする。ドイツ系ユダヤ人で、ナチズム台頭後に米国に亡命したハンナ・アーレント（1906～75）は、人口が多い国で全体主義は熱量を高め、「運動」として拡大しやすいというが（アーレント, 2017, p.352, p.424, p.504）、これは概して人口規模が大きいほどマス・コミュニケーションが発達し、中間集団が衰退した後、大衆宣伝が効果を上げやすいためと考えられる。第二次大戦での敗戦とともに独、日、伊の全体主義体制は終焉したが、戦後も類似した体制をとる国家は存在する。

　全体主義とほぼ同義で用いられる「ファシズム」はイタリアがその言葉とともに発祥の地である。第一次大戦後にベニート・ムッソリーニらが設立した政治団体「革命行動ファッショ」が起源で、民族主義による社会・国家や国民の「団結」（ファッシ）を唱道した。ムッソリーニ自身は元は社会主義者だったが、次第に社会主義に幻滅を抱く一方でニーチェに傾注し、「左右の超越」を掲げ、1921年11月に国家ファシスト党（PNF）を組織化した。国家ファシスト党は資本主義（修正資本主義）

と社会主義の双方、本書の分類概念を用いれば、階級闘争を含め、≪組織≫が経済発展を担う体制を批判しつつ、労働者、資本家、専門職業人を各産業ごとにエリート化し、政府の直接指揮下におく体制を構築した。これもコーポラティズムと呼ばれるが、単なる協調主義ではなく、中間集団を国の機関化することで経済活動を国家の統制下に置くとともに、市民の政治的権利を剥奪し、社会の国家からの自律性を奪った。政府財政と大企業が推進する≪国家・組織≫の修正資本主義ではなく、≪国家・個人≫が進める国家資本主義と呼ぶこともできる。「国家認定エリートの資本主義」とも言える。1922年10月に国家ファシスト党と人民党・自由党・社会民主党の連立による第一次ムッソリーニ政権が成立し、1943年までイタリア王国では全体主義政権が続いた。

米国発の経済恐慌後の1933年年1月、独ではアドルフ・ヒトラーが首相となり、独裁政治を開始した。同年3月には米国でルーズベルトが大統領となり、修正資本主義の代名詞であるニューディール政策を始めた。

修正資本主義では、「同量性」を目指す一方で、競争と多数決を実践するため「格差」が不可避的に生じる（これが「ブルジョア民主主義」、単に「民主主義」とも呼ばれる）。社会主義はその問題を解決すべく生産手段の私有を廃止し、全会一致の原則を採用したが、共産党一党支配は、社会・経済面に関して共産党員とその他人民という両極化を招く。その解決に挑んだのが全体主義と無政府主義である。特に階級社会の伝統を持つ、英国を含むヨーロッパの大衆は、経済危機に直面するなかで近代民主主義がはらむ物質的不平等性や社会的ヒエラルキーの不合理性に目覚めた。その一部は格差是正を「精神の平等性」に求めるようになった。国家資本主義（ファシズム）を進めるな

かで顕在化する経済的格差に対して特定指導者の個人的な指導力によって精神的平等を達成しようとしたのが全体主義と言える。ヒトラーのナチスドイツは、国家資本主義の推進と併せて、「大ドイツ主義」の実現を図った。ユダヤ人迫害（ホロコースト）を通じて自らを人種的に卓越した「アーリア人種」にまつり上げ、「ドイツ民族」への忠誠心を高めた。「人種の同一性」こそ「完全なる平等」を実現すると考えたからである。この点はムッソリーニのファシズムとは異なる。

3　無政府主義（アナキズム）

≪社会・個人≫の象限である。修正資本主義と社会主義は「同量性」を「平等」と捉えるのに対し、全体主義と無政府主義（アナキズム）は人間個々の主観性に着目し、そのうえで例えば満足感や達成感を誰もが感覚できる事態、換言すれば「オンリー・ワン」の実現を「平等」と考える。それが民主主義と理解する。その実現方法として全体主義は、大衆宣伝を通じて特定指導者に対する個人崇拝を進める。自主的な熱狂こそ自己実現につながるからであり、それは「平等」をも感覚する。これに対し無政府主義は、そのようなマス・コミュニケーション体制（中央集権体制）の出現に対し、個々人が反射的、非組織的に応対し、異質性を確保しようとする。

4　社会主義（ソーシャリズム）

≪社会・組織≫の象限である。19世紀のブルジョア民主主義（古典的な自由主義）が資本主義へと全面的に変質した20世紀を代表する近代民主主義思想の一つである。階級対立（労働者

vs. 資本家）を大衆社会がはらむ不安定性の根源的理由と捉え、真の「平等」の実現には資本の私的所有の打破が必要と考える。ソ連型社会主義では、社会主義政権樹立後は普通選挙を実施せず、民主集中（人民独裁）のロジック、つまり存在するのは国家ではなく「社会国家」という論理に基づいて共産党一党支配の下、国有企業を含む共産党のネットワークによって社会を秩序化しようとする。社会主義の目標は「社会構成員全体の同量性」という意味での平等社会の実現だが、将来的には、「社会構成員全体の異質性」という意味での平等社会を実現する共産主義を目指す。

　しかし、ブルジョア民主主義、プロレタリア民主主義のいずれであれ、大衆社会の完全化においては十分でない。その民主主義は人間個々の満足感や幸福感を数量的に比較可能な物質的平等感に依存するからである。マス・コミュニケーション体制は同一情報の大量・同時送達を通じて大衆を同質化（質を量へ転換）し、そのうえで同量化することで「国民としての平等」状態をつくり出そうとするが、それは「公正・公平な競争と選択」という近代国家の究極目標を達成するための手段にすぎない。そうした「競争と選択」の方法は、獲得ポイントを競う「多数決」であり、具体的には選挙や試験である。修正資本主義体制でも「経済的多数決」である市場（価格）原理が貫徹する。政治面は選挙であり、選挙により政治家や各種組織の代表者が選出される。学校や会社のメンバーは入学試験や入社試験で決まる。そのうえで多数決によって政策や方針を絞る。一人一票、同じ内容で同日に実施される試験、また市場に歪はないので、その競争・選択そのものは公正・公平、平等である。しかし、競争・選択の結果は所得格差や社会的地位の格差を生む。民主主義国家は政治的に国民としては平等だが、他方で社会的

ヒエラルキー（上下関係、階層構造）と物質的格差は不断に更新され、なくなることはない。社会主義（プロレタリア民主主義）では、国民として政治的に平等で、物質的格差も少なくとも理論上は存在しないが、一党支配という特有のマス・コミュニケーション体制に起因する権力・物質的ヒエラルキーは鮮烈である。そのヒエラルキーは共産党員とその他人民という所属による両極化の形をとる。

　こうした共産党の一党支配体制は、外部（資本主義国家）からの情報流入により人民の創造性が刺激されたり、人民の価値観が多元化したりすることで次第に動揺する。経済市場化・自由化に舵を切れば、今度は共産党員や国有企業の「特権」や不正、腐敗をあぶり出す。同時代の世界を見渡せば、それはおよそ1970年代後半から1990年代前半、資本主義社会において新自由主義（新保守主義）が席巻するなかで大衆社会が溶解する一方で、オーソドックスな社会主義体制が崩れ、冷戦構造が瓦解した時期に当たる。その後の繋衆化の時代状況において社会主義は「原理主義」へとさらなる変化を遂げつつある。これについては後に述べる。

第Ⅱ部　繋衆社会

第4章 繋衆社会の形成────〈多対1〉から〈1対1＋〉へ

　情報・通信のデジタル化を経てインターネットが普及し、SNSのようなプラットフォームが広く提供され始めた段階（1990年代後半から2000年代）は〈多対1〉の終末期と言える。その時期、〈多〉を構成する個が、文字通り情報の創造・発信者として立ち現れた。それまで「マスメディアの受け手」（大衆）から「情報選択の自主権をより多く持つ大衆」（分衆）へと変貌していた〈多〉は、PCやタブレット端末、スマートフォン等を操るコンテンツの創作・発信者、さらにはキャラ（キャラクター）の演者へと急激に変貌した。今日、われわれはICTの恩恵も受け、無償・有償のコンテンツをほとんど無限かつ時空間に制約されることなく選択・受容し、自作・発信する。「スマホ移行後」に利用時間が「増えた」か「減った」かのいずれかを選択し回答する日本の総務省調査では、「テレビ」が激減する一方で、「ネット」や「ネット動画」が大幅に増加した（総務省, 2024）。今日では「有名人」（情報創造・送信のプロ）を上回る数の読者や視聴者、フォロワーを集める「素人」（同アマ）は珍しくない。数は限定的でも、熱心な読者、視聴者を獲得するニッチなコンテンツも存在する。それらは基本的に無料であり、有料でも非・市場価格的である。そのようなロングテールの実現は、〈1対1〉の興隆の明確な証左と言える。

　繰り返せば、実際にSNS等のプラットフォームを通じて情報を創作・発信する人間のみが繋衆社会もしくは知人社会を構成

第4章　繋衆社会の形成――〈多対1〉から〈1対1＋〉へ

するのではない。これは技術決定論であり、本書の考え方ではない。SNSを使っているか否かにかかわらず、等距離に浮遊する数多の「知人」が生活し、自己を表現し（時にその「自己」は演じられたキャラの場合もある）、賛同したものとはつながり、そうでないものとは当面はつながらない、そうした社会が繋衆社会なのである。

　翻って、市民社会はその社会全体で〈1対1〉が互いに齟齬なく瞬時に成立し、そのゆえに〈多対多〉が実現可能と考える空想的な社会像だった。それは17～18世紀に仏・英・伊・独等で盛んになったカフェ文化、つまり金銭面で比較的余裕が生まれ、情報が重要になった主に自営業者が数人で、お茶をしながら世界情勢や政治を語る、絶対主義時代には有り得なかったライフスタイルに想像力をかき立てられ、新たな社会像として、おおむね第二次大戦後に平和が訪れる中で理念化され概念化された。ロンドン中心部のコーヒーハウスに集まった貿易業者等からは新聞社や保険会社が誕生し、フランスのカフェは啓蒙思想家や活動家らが市民革命を準備し、またその展開について熱心に語り合った。もちろん、そのような17～18世紀の実況は、後に概念化された市民社会とはまったく異なる。実在したのは、「社会」ではなく、単に世の中の事柄について情報を交換し、議論する新興の商工業者（市民＝ブルジョアジー）の小集団群である。

　大衆社会は市民社会、そして恐らく繋衆社会とも異なり、社会それ自身に内在するロジックで自律的に存在できない。その秩序は〈1〉が生産・再生産する全体性の感覚によって形成・維持される。全体化（均質化＝平等化）された多数の他者（〈多〉）は二種類に大別できる。〈友人〉と〈他人〉である。〈友人〉は近い他者、〈他人〉は遠い他者を指す。〈友人〉とは

均質的な他者の大海の中から、中間集団を通じて、もしくは出会いは偶然でも「気が合う」「話が合う」「趣味が一致する」などの理由から個別的に親密関係を築いた人々を指す。その親密性は友情・愛情とも呼ばれるが、それを基に築かれる関係は家族との関係とも異なり、自身の経験を「秘密」として共有したり、他言無用で頼みごとをしたりすることもできる。それらはしばしば〈他人〉への対抗や〈他人〉からの防衛の意味を持つ。〈他人〉とは他者から〈友人〉を消去した後に残る不特定多数の人々を言うが、〈1対多〉のマス・コミュニケーション体制（大量複製物の同時受容体制）を通じて〈多〉の全体性を感得できる。こうした全体化に基づく大衆社会を基礎に国民統合が達成され、国民国家が完成する。これに対し、〈友人〉や〈他人〉と即時空的に、具体的な人間を相手に形成される〈1対1〉関係は、既述の通り、私的、特定的であり、「その場その時」以上の拡大可能性を有さない、本質的に閉鎖的な小世界である。

　繋衆社会は〈1対1＋〉で表現できる。〈＋〉は人々が次々とつながる可能性、つまり分解してみれば複数性と時間の経過を意味する。

　〈友人〉や〈他人〉との特定的、完結的な〈1対1〉と異なり、繋衆社会における〈1対1〉は偶発性をはらみ、つねに開かれた「未特定」な関係を構築できる。それは既知とも未知とも言える〈友人〉、未知とも既知とも言える〈他人〉であり、その意味で繋衆社会は〈知人〉社会と換言できる。それは質的存在である「Only one」（独自性）が構成する社会であり、大衆社会のように均質化されたうえで「No. 1」（一番）を受動的に競うことを強いられる社会ではない。繋衆社会は他者と比較する意味を乏しくする。そうした序列化不可能な他者のすべて

第4章 繋衆社会の形成——〈多対1〉から〈1対1＋〉へ

が等距離に居並ぶ〈知人〉から構成されるゆえに、開かれたフラットな人間関係を構築できる。それは事前には予測できない未特定の少数または多数とつながる可能性をつねに想定しうるという点で、真に開放的で可能的な関係である。繋衆社会では、他者が自分をどう思っているか、見ているか、には無関心であり、やりたいことを淡々とやる、表現したいことを表現する、その結果として即座につながる場合もあれば、短期的にはつながらない場合もある。こうしたライフスタイルやコミュニケーションが宿す問題は、フィルターバブルやエコーチェンバーなどの用語で概して否定的に指摘されてきたインターネット社会の問題と関連する。これについては後述する。

　繋衆社会もしくは知人社会の生成は、国民国家の現在と未来を考えるうえで大きな意味を持つ。大衆社会では、政治が社会外部から経済的手段を用いて当該社会を操作し、秩序を形成しようとする（社会や市場の外部から現状を変更しうる排他的な力を行使できるがゆえに政治は「権力」と呼ばれる）。ところが、繋衆社会では、国家や各種公共機関・組織が「格差解消」や「差別撤廃」等を目的に公共政策の名で入り込む余地がほとんどない。〈知人〉は「平等」や「公共性」の名の下で均質化できる存在ではないからである。逆に、これゆえに繋衆社会は真に多様性を尊重する社会となりうる。

　〈知人〉が構成する繋衆社会は多元的価値観と主観性（異質性）で構成される「分断社会」であり、外部からの一元的な支配を許さない。「分断社会」とはそれぞれがすべて異質な〈1対1〉のつながりが無数に併存するという意味では「分断」だが、時間を考慮すれば、あるつながりが別のつながりと結合する可能性を排除しない。その様子は「分断」というより、「分散」と呼ぶ方がふさわしい。そうした「分散」はきわめてラジ

カルな社会をつくり上げる。近代政治は企業会計と同じく毎会計年度、もしくは日本の総理大臣であれば衆議院議員と同じ4年の任期中（再選は可）に結果を出すことを迫るが、それに対して「分散」はそのような政治的時間を無意味にする。なぜ金融を緩和し、また財政支出を拡大しても総需要は盛り上がらないのか、つまり政治が機能しないのか。そうした中でも、政治にはほとんど対処不可能な価格原理を無視した（＝質的な）需給マッチングの性格が強いロングテール（多品種・少量供給・少量需要）が急拡大しているのはなぜか——。この簡単な問いかけに対しては、繋衆社会化がその一つの解答を差し出すだろう。ただし、繋衆社会は政治（権力）に頼ることなく、社会それ自身で、安定秩序を本当に長期にわたり形成できるのか、いや長期間である必要がそもそもあるのか、秩序形成・維持が可能だとしてどのような秩序を想定しうるのか、またどのように構想すべきなのか。この問題についても後述する。

1 〈1対1＋〉

現実社会を表す〈多対多〉は、〈多〉の〈1対1〉への分割とそのコミュニケーションの実践が不断に行われるが、それが完全には不可能であり、その不完全性を補完すべく〈1対多〉のマス・コミュニケーション体制が構築される旨は既に述べた。マス・コミュニケーション体制が国民としての全体性（平等感＝均質性）をつくり出し、大衆社会を秩序化する。

ある人間が別の人間とつながりたいと思うのは恐らく、人類が存続するうえでの本能だが、当初から2人以上の人間と直接につながりたいという思いはきわめて今日的なものと言える。既述の通り、対面での対話、電話や手紙は〈1対1〉の代表例

第4章 繋衆社会の形成——〈多対1〉から〈1対1＋〉へ

だが、それは目的的、排他的、そして完結的な二者間のコミュニケーションである。これに対し、ある個人がその相手が既知か未知かを問わず、2人以上（「第三者以上」）にメッセージを送達したいという思いは、コミュニケーションが特定目的の達成手段ではなく、コミュニケーションそれ自体が目的であるもののように見える。その点で開放的であり、未完である。こうしたコミュニケーションは〈1対1＋〉で表記できる。〈1対多〉は〈1〉について、多数の労働力と巨大な資本力を抱える大組織を前提としたが、〈1対1＋〉は、可能的な〈1対多〉を労働力も資本力も有さない一個人が実践する。そして実現するのは「いま」とは限らない。自分の死後かもしれない。メッセージの送り手は、その情報の受け手を特定せず、そのうえでその情報を必要とする、もしくはその情報に興味のある人間からのアクセスを「待つ」ことを当然視する。それは自分から特定の他者（〈友人〉か、連絡の必要が生じた〈他人〉）に情報送達を試みて、伝達までに予想以上に時間がかかったり、失敗したりすればストレスがたまり、さらには〈他人〉との商談が破談になったり、〈友人〉関係が解消されたりする大衆社会とは異なる。また、繋衆もしくは〈知人〉が構成する〈1対1＋〉のメッセージの受け手は実際にはゼロかもしれないし、数億人かもしれない。それが判明するのはメッセージ送達の直後かもしれないし、自分の死後かもしれない。「未来のいつかの時点で素性も数もわからない他者とつながるかもしれない」という無限の時間を介在させた「可能性としての他者」や「未特定の他者」とのつながり。〈＋〉はそのような人間のつながりにおける複数性と可能性もしくは不確定性を意味する。

　コミュニケーション史の文脈で見れば、このような「受け手次第」のコミュニケーションは画期的だが、それが成り立つの

は、繰り返せば、コミュニケーションの主体が〈知人〉だからである。「未知の〈他人〉」（=〈知人〉）と関係を結ぶことへの抵抗感は薄れ、他方で「既知の〈友人〉」（=〈知人〉）との関係はもはや絶対的ではない。〈知人〉は自分の外側に等距離で漂流するので、いくらでも取り替えがきく。だからこそつながる余地が無限に広がる。その可能性は個人が所有する常時接続状態にある、SNSアプリを搭載するスマホが象徴する。スマホの先にはアクセスを待つ無数の〈知人〉が等距離で浮遊する。等距離空間とはすなわち「無距離＝無時間」の世界なので、情報の送り手は、情報伝達の「遅延」や「失敗（＝長期の遅延）」に頓着しない。マス・コミュニケーションの代表格であるマスメディアのように押しつけがましく賛同者・支持者（視聴者や読者）を募り、その獲得数（視聴率や発行部数）を競うこともない（従って普通選挙制に基づく議会制民主主義制度もなじまない）。大衆社会では情報の送り手（〈1〉）が情報量や情報伝達のスピード、受け手の数、効果等を基にコミュニケーションを支配するが、繋衆社会では「受け手」がコミュニケーションの決定権を握る。繋衆社会は、〈知人〉という本質的にきわめて孤独な人間が、にもかかわらず開放性と可能性に包まれて生きる、希望に満ちた社会なのである。

（1）未特定少数と「分断」

　大衆社会を安定化させるのはマス・コミュニケーション体制（大量複製・同時送達体制）である。それは「平等」という名の均質性を公共の名で再生産し、そのうえで多数決（具体的には選挙や試験、市場取引）という選択メカニズムを通じてヒエラルキーをつくり、社会を秩序化する。そうして誕生するのが国民国家である。国民国家は帰属意識や同じ国籍を持つ「特定

第4章 繋衆社会の形成——〈多対1〉から〈1対1＋〉へ

多数」の国民から構成される。マスメディアの情報伝達対象は一般に「不特定多数」と言われるが、それも実際には「特定多数」の枠組み内においてである。いずれにせよ、大衆社会は国民人口を最大数とする「多数」社会である。これに対し、繋衆社会は最大数も最小数もない「未特定少数」（または「未特定多数」）が構成する。「未特定少数」は時間的変化と関係の質が勘案される。「未特定」なので少数か多数か、それ自体が「永遠なる未決」である。現時点では「少数」だが、将来的に「多数」になる可能性をはらむ。その逆もしかりである。その意味で、つながる相手が同質的存在であることが想定されない。評論家の荻上チキは、SNSの特徴を述べるなかで、次のように「不特定多数」と「未特定少数」の違いを述べる。

「顔写真や個人情報を公開しているプロフ（＝プロフィールサイト…引用者注）について、彼（女）らの多くに、『不特定多数』に流しているという意識はあまりないように思える。むしろ『不特定多数』の『向こう側』に存在するであろうまだ出会えないだれか、いずれ出会うかもしれないだれか＝『未特定少数』に向けていると言ったほうがいいだろう」（荻上, 2008, pp.188-189）

「不特定多数」は〈1対多〉で表されるマス・コミュニケーションの〈多〉を指し、そのほぼすべてが相互に〈他人〉関係にあるが、「未特定少数」（「未特定多数」）は〈1対1＋〉で表現されるネットワークの結節点を構成する〈1＋〉を言う。見かけ上は〈1〉に過ぎないが、当人は〈＋〉により、〈1〉＝〈多〉とイコールで結ばれる可能性を漠然と感覚する。そうした「いつか結ばれるかもしれない他者」という意味で「未特定少数（＝未特定多数）」は相互に——孤独だが希望に満ちてもいる——〈知人〉と言いうる。

〈1対1＋〉は分散する個別の〈1〉に多数の〈1〉がアクセスするかもしれない点で〈多対1〉と似る。しかし、〈多対1〉で表されるニューメディアにおいては、〈1〉は実際にはその分身としての複製品（カセットテープ、ビデオテープ、CD、DVD、近年ではデジタルファイル等）を取り揃えているにすぎない。選択は限定的であり、飽きられることもあれば、「売り切れ」も有りうる（デジタルファイルでは「販売停止／中止」だろうか）。〈多〉を構成する〈1〉が生身の人間〈1〉と接触すれば、それは〈1対1〉関係であり、〈多対1〉とは異なる。結局、〈多対1〉は、〈多対多〉を実現すべく〈1対1〉に近づこうとはするが、決して〈1対1〉を代替することはできない。マスメディア（〈1対多〉）がどれほど顧客本位に徹し、ニューメディア化（〈多対1〉化）を図ろうと、本質的にはマスメディアと変わらない。これに対し、〈1対1＋〉においては、〈＋〉が存在することで、〈1〉は2や3にも、さらには〈多〉ともなりうる。〈多対多〉が未来のいつかについに実現するかもしれない。未来永劫の時間を考えれば、そもそも「実現不可能」という言葉は存在しない点で、〈1対1＋〉の繋衆社会は、むしろ市民社会（〈1対1〉の同時的・無限収容性）に似る。両者の決定的な違いは、市民社会そしてもちろん大衆社会とも異なり、繋衆社会は少なくともある人間の生存中は「送達不能」（つながらない）の可能性も排除しない点で、もはや全体性または公共性の考え方そのものをあらかじめ捨象している点にある。市民社会は「1人の市民＝公共という全体性」という意味で実在し得ない概念にとどまるのに対し、繋衆社会は可能的に実在し得るところも大きな違いである。
　繋衆社会の時代状況に対応すべく生まれる政治思想については後述するが、その一つであるポピュリズムの特徴に関して、

第4章　繋衆社会の形成——〈多対1〉から〈1対1＋〉へ

ドナルド・トランプ米大統領（第一期は2017〜2021年）を例に挙げつつ、「分断」を指摘する向きが多い。しかし、「分断」はポピュリズムに限らず、繋衆社会を特徴づける最も本質的な社会・政治的現象である。大衆社会は、公共性の名の下に、実際にはほとんどつながることのない——一説では一生涯に「知る人」の数はわずか1700人、そのうち顔と名前を思い出せる人は恐らく多くとも数十人だろう——〈他人〉の集まりである大衆に同一情報を同時的に送達し、全体性（均質性＝平等性）を、つまり「分断のない社会」＝「国民の国家」という虚構をつくり出す。これに対し繋衆社会は、人々が自らの意思で、近い将来にはつながらないかもしれないが、いつか直接につながるかもしれない未特定少数（未特定多数）のネットワークなので、現在におけるつながりを輪切りにすれば「分断」のような状況が生まれる。すなわち、比喩的に言えば、「分断」とはSNSで言う「友達」や「フォロワー」という無数の「つながり群」が分立している状態を指す。ネットワークは、本来的に友達やフォロワーの数を競う競争的存在ではなく、他はどうであれ自分はその人物と結び付いていたい、という欲求が生む個別的・質的関係である。AとBが、BとCがつながっている状況について、大衆社会の枠組みでは、特に「公共性」を語るマスメディアの眼を通せば、AとCは「分断」しているとして問題視される。これに対し、AとCは今つながっていないが将来、Bを介して、もしくは他の経路でつながる可能性を排除しないのが未特定少数（未特定多数）の繋衆社会である。

　もともと全体性を想定しないポピュリズムはこの点について自覚的である。例えば、多数決の結果が6対4という直感的には「分断」に見える状況にあっても、過半数を得た「6」を一般意思とする「大衆民主主義」こそ偽物（フェイク）と考える

のである。6対4ならば「6の国」と「4の国」に二分すればより民主的とすら考えるのである。視聴率や発行部数、得票数、試験の点数等に見られる通り、〈1対多〉を構成する〈1〉が決めた基準に従い数量を競い、その結果を基に作られるヒエラルキーによって社会秩序を形成する大衆社会こそ、偽善的、非民主主義的と考えるのである。

同様に、人口100万人の国家が直面するある問題の解決案が五つ提案され、賛同者の数が各案20万人程度とほぼ拮抗する状況を想定する。大衆民主主義国家はそのなかから一つを選ばなければならないので、相応の議論を経て多数決で一つに絞る。これに対し繋衆社会では、100万人を各20万人の五つの国家に分割する別の案を提示する。それが「民主主義」であり、また「多様性」（diversity）を実現する方途だと考える。国民国家の政府はこれを「国家分裂」案として激しく非難するだろう。

また、「多様性の実現」というスローガンの下、ある定員100人の組織のメンバー構成において、とりあえず男性60人、女性40人、年齢は50歳未満を6割、50歳以上を4割、国籍は日本人を8割以下、障碍者を必ず5％は含む、性的指向・性自認は一切不問と決める。こうした基準は誰がどのように定めるのか？ 基準づくりや決定方式それ自体が、恣意的に選ばれた少数メンバーによる多数決で決められるのであれば、多様性が実現されるとは言い難いのではないか？ そもそも基準そのものが「選抜＝排除」をつくり出すものではないのか？ それならば定員や性別、年齢、国籍、性的指向・性自認等の基準や割当数を定めずに、成員の自主性に完全に任せるべきではないのか？

この定員100人の組織に関して、基準を定めずに自由に任せたとする。ある集団は30人全員が年令40歳未満の女性のみ、別の集団は40人全員が50代の男性のみ、5人は障碍者のみ、残余

の25人は一つの集団をつくる。このように一つの組織は4集団に分割される。それは「分断」され、「多様性」の考え方とは異なるようにも見える。しかし、各集団が別の組織の集団と結びつくとき、それを「分断」や「反・多様性」として断罪できるだろうか？ 〈1対多〉の大衆社会は、〈1〉をいただく組織の論理から様々な「基準」をつくり、判定を下す。しかし、ヒエラルキーを持たず、「未特定少数」や「未特定多数」で成り立つ繋衆社会の方が、その「未特定性」ゆえに多様性を認め、より包摂的（inclusive）であるとは言えないだろうか？

（2）〈友人〉〈他人〉の消失

近年の日本の人間関係、その変容、特に若者のそれに関する論考で目立つのは他者不在、つまり〈友人〉や〈他人〉の不在という観点である。〈友人〉と〈他人〉を分けてきた距離の違いが消失すれば、その後に現れるのは〈知人〉のみである。自分から見てすべてが等距離に存在し、親密でも疎遠でもない〈知人〉は、実はもはや他者ですらない。「他者」の消失後に現れる〈知人〉はむしろ自分自身なのである。すなわち、大衆社会ではその状態は――「分断」の用法と同じく否定的に――「孤独」と呼ばれるが、繋衆社会では――近年しばしば使われる用語を用いれば――「一人」だが、つながりを薄々感じる「個独」もしくは「みんなぼっち」なのである。

【消える他者】

土井隆義は近年の若者の人間関係の変容を次のように観察する。

「大人たちは、最近の若者は公共の場でのマナーが悪いと嘆きますが、そもそもマナーが成立するためには、意味ある人間

として他者が認識されていなければなりません。しかし、最近の若者にとって、そのように感受される他者の範囲はきわめて狭くなっています。この意味で、彼らの傍若無人なふるまいは、他者の存在を無視した悪意の結果などではなく、むしろ他者の存在に無関心なる結果なのです。彼らに欠けているのは、マナーについての教養や態度ではなく、意味ある人間としての他者の認識なのです」(土井, 2004, pp.12-13)。

ここで言われている他者とは本書でいう〈友人〉と〈他人〉である。マス・コミュニケーションが再生産する全体性、つまり公共を構成するはずの他者はもはや認識されていないに等しいと言う。

「電車内などの公共空間で、自らの欲望の趣くままにふるまう人びと、たとえば、携帯電話での会話に喚声をあげて熱中する高校生、学校の制服から私服に着がえたり化粧をしたりする少女、人目もはばからず抱擁しあうカップルの若者たちにとって、その同じ場所に居合わせているはずの他者は、彼らの世界の外部へと追いやられています。認知はされているにしても、せいぜい風景の一部にしかすぎず、意味のある他者とは映っていないのでしょう。彼らには、自分たちが他者から見られているという意識がなく、その意味で、周囲に他者は存在していないのです」(土井, 前掲書, 同)。

【「親密圏」と「公共圏」】

このような他者性もしくは公共空間の消失の背景を土井は、「親密圏」と「公共圏」のそれぞれにおけるふるまいの変化として分析する。

「親密圏における子どもたちのふるまいが『素の自分の表出』から『装った自分の表現』へとシフトしているのに対して、公

第4章 繋衆社会の形成——〈多対1〉から〈1対1＋〉へ

共圏のそれは『装った自分の表現』から『素の自分の表出』へと逆にシフトしている」（土井, 前掲書, p.14）。

親密圏が公共圏化し、公共圏が親密圏化している、というのが土井の観察である。親密圏を〈友人〉関係、公共圏を〈他人〉関係と読み替えれば、その変容は〈友人〉の〈他人〉化、〈他人〉の〈友人〉化と換言できる。その結果、公共圏（〈他人〉の世界）で必要不可欠だった敬語が衰退し、ぼかし表現が興隆をきわめ、「オヤジ狩り」（ホームレスの襲撃）などが起こるが、いずれも〈他人〉の〈友人〉化の事例と言える。

他者の不在化を〈友人〉の側から見れば、それは〈友人〉の〈他人〉化である。〈他人〉の〈友人〉化と併せて、こうした変容により生まれた関係を土井は「親密圏内の他者」と表現する。「親密圏内の他者」とは本書がいう〈知人〉にほかならない。

「若い人びとのあいだで、『ちょー、感動したね』『うん、だよね』などといった空疎な言葉のやりとりだけでも親密な関係が維持されうるのは、本質的な意味では言葉の介在を必要としない関係だからです」（土井, 前掲書, pp.53-54）。

「このような原理で成り立っている親密圏では、他者は、他者であって他者でないようなものです。自分と同質的な感覚の延長線上にしか認識されえない存在だからです。その意味で、自己の分身のようなものだからです。〈良い感じ〉を共有できない人間とは関係を結ぶことができずに、なんとなく同じような感覚の者たちが群れているだけですから、異質な他者が紛れこむ隙間がそこにはないのです。感覚の共有による親密な関係では、自己と他者は癒着して一体化しやすいのですが、それは両者の止揚を意味しているわけではありません。現代の親密性について論じた社会学者、セネットの言葉を借りれば、「〈他

者〉が自己の鏡になるような現実感」を、彼らは抱いているのです」(土井, 前掲書, p.54)

「親密(圏)」という言葉は〈友人〉を連想させるが、実は〈友人〉ももはや存在しない。「親密圏」とは「己の分身のような…なんとなく同じような感覚の者たちが群れ」た存在である。それは私の内部空間であり、従って「親密な他者」は私の数だけ存在する。私はすでに他者(〈他人〉と〈友人〉)という外部全体を喪失している。〈知人〉とは実は私そのもの、等距離に「遍在する私」なのである。他者が「私そのもの」となれば、「他者」との人間関係は容易で単純なものとなる。つまり、人間がつながりやすくなると同時に、関係が切れやすくもなる。〈知人〉化をもって散文的に「人間関係が希薄化している」と嘆息するのは、相当に安易な評価である。大衆社会の〈友人〉は私の外側から懸命に慰め、励ましてくれたかもしれないが、現在の〈知人〉は(それは私自身なので)、「死にたい」と言えば(つまり「自分自身」に話しかければ)、「自殺」を助けてくれたり、「一緒」に死んでくれたりするのである。土井の言葉を借りれば、これは「優しい関係」である(土井, 前掲書, p.18)。森真一は近年の若者を中心とする人間関係の変化に関する自著に『ほんとはこわい「やさしさ社会」』というタイトルを付けた(森, 2008, p.175)。なるほど、〈知人〉は(それは私自身なので)「優しくも怖い」存在なのである。

【インティメイト・ストレンジャー】

土井が指摘する「親密な他者」は、別の論者も別の概念で指摘する。

「繋衆」や「知人」という概念は使っていないが、大衆社会の人間関係の変容について、恐らく最も早い時期に最も包括的

第4章　繋衆社会の形成――〈多対1〉から〈1対1＋〉へ

に論じたのは富田英典である（富田, 2009, p.396）。富田は出現した新たな人間像を「インティメイト・ストレンジャー」（「親密な他者」）という概念で説明する。それは「匿名だが親密な関係」にある他者を指す（図表7）。そうした他者は、インターネットなどのメディアにおける「匿名性」が、英国の社会学者アンソニー・ギデンズの議論に見られるような「親密性の変容」と交差した結果として生まれる。

「街ですれ違う大勢の人は、名前も知らず親しくもない赤の他人（ストレンジャー）である。それに対して、いつも一緒にいる友人や恋人（フレンド、ラバー）はもちろん名前も知っているし親しい。仕事上のつきあいなどで名前は知っているがそんなに親しくない他人は、顔見知りや知人（引用者追記…acquaintance＝アクインタンス）に分類される。リアル世界の生活ではこれら三つのタイプの他人にいつも接している。親しくなることと顔も名前も知っていることは同義であった」「し

図表7：「インティメイト・ストレンジャー」と「繋衆（知人）」

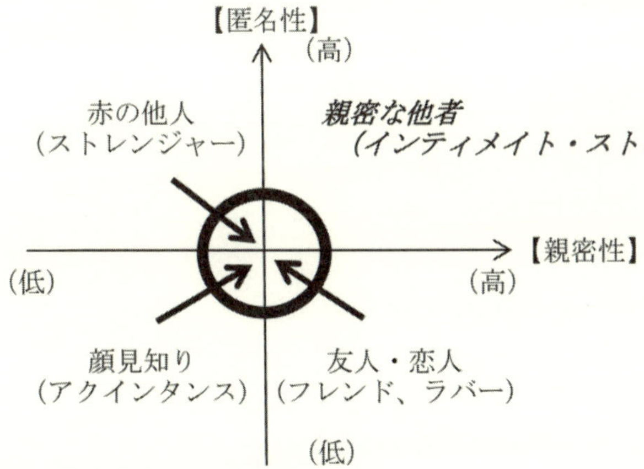

【匿名性】（高）

赤の他人（ストレンジャー）　　　*親密な他者（インティメイト・ストレンジャー）*

（低）　　　　　　　　　　　　　　　　　【親密性】（高）

顔見知り（アクインタンス）　　　友人・恋人（フレンド、ラバー）

（低）

出所）富田, 2009．p.158を基に筆者が加工

かし、ネット世界によって、見ず知らずの親密な他者という存在が出現したのである」(小川, 2011, pp.146-148)

筆者が考える「繋衆」や「知人」はこれとは若干異なる。「インティメイト・ストレンジャー」(「親密な他者」)はそれほど（つまり友人・恋人ほど）親密ではない。すなわち、〈友人・恋人〉は〈他人〉化し、〈赤の他人〉は〈友人〉化するものの、「友人・恋人」ほど親密性は高くなく、匿名性は低くない。また「赤の他人」ほど匿名性は高くなく、親密性は低くない。「顔見知り」ほど親密性も匿名性も低くない。そうした人間像として〈知人〉や「繋衆」を捉える。「友人・恋人」、「赤の他人」、「顔見知り」のすべてが等距離化する（同図表7の中心部の円に収れんする）。

富田は「親密な他者」の誕生の原因をインターネットで鮮明化した匿名性という特徴に求める。また、インターネットやインターネットにつながる携帯電話が「インティメイト・ストレンジャー」とのコミュニケーションを推進するツールの一つになりうるとも言う。しかし、本書が強調する通り、ネットというICTの発明と普及は、それ自体が従属変数となる、人間関係の変容に関する巨大な歴史的ダイナミズムの一つの産物と捉えるべきである。〈友人〉が「匿名化」し、〈他人〉が「親密化」することで他者全体が等距離化したからこそSNSが考案され、広範かつ迅速に受容されたと考えるべきである。匿名化や親密化が繋衆社会化、知人化の原因ではなく、繋衆社会化現象の一つが匿名化や親密化と理解すべきである。

(3)〈知人〉化現象

このような繋衆化や知人化現象の具体例は実は近年、日々のニュースや研究論文、著作などで頻繁に言及される。それらを

第4章　繋衆社会の形成——〈多対1〉から〈1対1＋〉へ

以下に記す。

【いじめ】

　いじめを数量的に捉えるのは容易でない。日本について、2007年にいじめの定義が変わり、2011年には「大津いじめ自殺事件」が発生し学校でのアンケート実施率や取り組みが高まったことで2012年に「認知件数」が急増した。2013年には「いじめ防止対策推進法」が施行された。推移を厳密に把握するのは難しいが、いじめが明らかに増加したのが2010年代であるのは確かなように見える。スマホの普及を繋衆社会化（知人社会化）の一つの指標とみれば、同普及率も同時期、急速に高まった。これに対し、2000年前後を大衆社会から繋衆社会への移行期と見れば、大衆社会においていじめは比較的限定的と推測される。大衆社会にはヒエラルキーが存在するので、親や教師がしばしば力強く語った「弱いものいじめはだめだ」という言葉に表れるように、いじめは社会的に抑制される。また、親密な〈友人〉と全くそうでない〈他人〉の2項で構成される社会（大衆社会）にそもそもいじめが存在するのは難しい。

　繋衆社会におけるいじめの増加の背景は次のように考えられる。〈知人〉社会では誰とでもすぐに「仲良くなる」（〈知人〉化する）。しかし、何を勘違いしたか、「仲良くなる」つまり〈知人〉関係を超え、より長期的で親密な〈友人〉へと関係を深めようとすると、その人間はいじめの対象となる。逆に、〈他人〉化を強く求めれば、やはりいじめの標的となる。荻上チキや内藤朝雄は「中間集団全体主義」という概念を用いていじめを解読しようとする（内藤, 2009, pp.241-262）。「中間集団全体主義」の定義は論者によって異なるが、例えば内藤は、戦後の日本には「人間存在が共同体を強いる集団や組織に全的に

（頭のてっぺんから爪先まで）埋め込まれざるをえない強制傾向」（内藤, 前掲書）があり、それがいじめを生んでいると考える。筆者はむしろ〈知人〉化がマス・コミュニケーション体制の衰退、つまり中間集団の弱体化と同義なので、そうした衰弱する中間集団が放つ、求心力と遠心力の相反するベクトルの狭間でいじめが生じていると考える。すなわち、ある中間集団において、一方では〈他人〉化を図ろうとする人間に対して集団に引き込もうとする求心力（〈友人〉化圧力）が、他方では〈友人〉化を欲する人間に対して集団から遠ざけようとする遠心力（〈他人〉化圧力）が働く。そのいずれもが排除であり、いじめにほかならない。

　実際、そのような排除（いじめ）の力が繰り返し発動されると、当該中間集団が「リセット」され（解散）、いじめも解消する。それはスマホのアドレス帳が簡単にリセットされることにうかがわれる。〈知人〉は等距離に漂流する、他者世界のパーツに過ぎないので、いつでも簡単に取り換えがきく（土井, 前掲書, p.55）。換言すれば、ある〈1対1〉は別の〈1対1〉と容易に交換できる。それも〈+〉の一つの意味なのである。なお、内藤はいじめに対して「開かれた関係性」の可能性を改めて探求しようとするが、「開かれた関係性」とは〈知人〉がとり結ぶ関係と理解しても良いだろう。そして知人化はそうした「開かれた関係性」を緩慢ではあっても実現しつつあると筆者は考える。

　繫衆社会化を「（大衆社会のような量的な）平等社会」化と誤解してしまうのも、「反動現象」が起こる理由の一つと言える。心理学者の和田秀樹は「運動会のかけっこで横一列になってゴールする」昨今の小学校の「反格差主義」教育を嘆く（和田, 2010, pp.25-44）。それにより、一人でランチをするのが「仲

第4章 繋衆社会の形成――〈多対1〉から〈1対1＋〉へ

間外れにされている人間という烙印を押され」恥ずかしい思いをするので、トイレに隠れてこっそりと食べる、つまり「便所飯」をする大学生が誕生する。実は〈知人〉は相互に異質であるがゆえに、大衆社会のような量的な基準で見れば「孤独」であり、相互に「不平等」でもある。だからこそ〈友人〉化や〈他人〉化は日常風景だが、それは本質的に疑似的なものである。そうした〈知人〉社会の人間関係を、大衆社会のように〈友人〉／〈他人〉の2項関係で解釈してしまうがゆえに〈他人〉化を極度に恐れるメンタリティーが醸成される。

　この疑似的な〈友人〉関係は、生徒・学生において「スクールカースト」という弱いヒエラルキー構造を形づくる場合がある。そのような〈友人〉関係のリーダー格について、和田の表現を借りて「親友のいない人気者」（和田, 前掲書, p.180）と呼ぶことができる。というのも、そのリーダー格は強い権力者というより、KY（空気を読まない）を回避できるなどで人気が出た人間に過ぎないからである。従って、「スクールカースト」に「友情」や「尊敬」などで結ばれる「真面目な〈友人〉関係」を期待しようものなら、「KYな奴」と下位の「カースト」に追いやられる。それは一つのいじめだが、全人格の否定ではないので、「KYな奴」も関係修復をけなげに試みる。その結果、首尾よく上位「カースト」に復帰できることもある。かつては「学校の成績が良い、スポーツができる、話が楽しいなど、ある能力に対して尊敬を集める人間」が個別状況に応じてヒエラルキーの上位に来て、そうした人間関係の中から〈友人〉関係も築かれたが、もはやそうした個別基準は意味をなさない。「スクールカーストは『人気』度のヒエラルキーだから、それは『友達』ではなく、『ファン』のようなものだ」（和田, 前掲書, pp.168-169）。「結局のところ、「みんながいいと言うもの、みん

なが買うものが売れる」のと同様に、集団心理が『とくに根拠のない人気者』を作り出しているだけだ。その対極には『とくに根拠のないいじめられっ子』が置かれている」（和田, 前掲書, p.169）。

「『こうすれば人気者になれる』という方法論はないが、『こうすると嫌われる』ということだけは理解している。だからこそ、いまの若者は何よりも『KY（空気を読まない）行為』を恐れる。これが『三軍落ち』を招く最大の原因だからだ」（和田, 前掲書, p.170）。「『KY』を避けるためには、誰にも秘密を打ち明けてはならない。うっかり『ここだけの話だけど……』と（かつての真の〈友人〉に話すように…引用者注）本音をもらせば、翌日には携帯メールでクラス中の知るところになる。これがいまの時代の怖いところだ。まるで、思想警察から常に監視されている管理社会である。いつ、どこで誰に裏切られるかわからないので、当たり障りのない話に終始し、みんなと調子を合わせていくしか方法がない。その結果、『人気はあるが、親友のいない子供たち』が完成する。これは思春期のあり方として、きわめて歪な形である」（和田, 前掲書, p.172）。

【友だち嫌い】

知人社会においては、〈友人〉より〈他人〉との関係の方が相対的に快適に感じる。大衆社会のような〈友人〉という「濃密関係」にこだわる「時代遅れの人間」は、自らが〈友人〉と信じている人物から「うざったい」などと突き放され衝撃を受け、本人は「いじめられている」などと感じる。もはや他者に近づくより、一定の距離を保つ方が賢明である。人間関係の変容に関する論考の多い土井隆義は、こうした状況を「友だち地獄」と呼ぶ（土井, 2008, p.235）。

第4章 繋衆社会の形成――〈多対1〉から〈1対1＋〉へ

　森真一は、自分の学生に「あなたは友人に悩みを打ちあけるか、打ちあけないとしたらその理由は何なのか」というテーマのレポートを何年か書かせてきたが、多くの学生が「友人に悩みを打ちあけたり相談したりしない」と答えた。特に目を引いたのは「もし相談したら、相談した自分が相手よりも一段下の立場になり、対等な関係でなくなる」や「友人といっしょにいる時間は限られているので、せっかくの時間を相談のような重い話題で暗くせず、あたりさわりのない明るい話題をして、楽しくすごしたい」という回答だった（森, 前掲書, pp.50-51）。「対等関係」を維持すべく「重い話題」を避ける人間関係は、もはや従来の意味における〈友人〉関係とは言い難い。それはまさに〈友人〉でも〈他人〉でもない、〈知人〉と呼ぶのがふさわしい。

　小川克彦は自らが教える大学生は1990年代前半から人間関係の距離感に関して鋭敏になったと観察する。「表面的ななごやかさやノリを重視するのであるが、互いのプライバシーは守ろうとする。相手に承認してもらいたいのではあるが、むやみに相手に近づくと自分のプライバシーが侵されてしまう。もしも承認してもらえないときには自分が傷ついてしまう。それらを恐れて一定の距離をおく。他者との距離にはこのようなジレンマが生じる」「つかず離れずの友人関係」になった。それはケータイやネットが普及する前だが、「ケータイやネットが、つかず離れずに相性のいいメディアであることは確かだ。ネットの進化による心情の変化のプラス面は……つかず離れずをコントロールできる自由を得たこと」である（小川, 前掲書, pp.165-166）。「若者たちは仲間と一緒にいるのだが、濃密なコミュニケーションはなく、結局ひとりぼっちでいる」。しかし「孤独なひとりぼっちというのではなく、他人と内部で結びつくエネ

ルギーが弱いということだ」(小川, 前掲書, pp.163-164)。

「つかず離れずの友人関係」は「みんなぼっち」という言葉で言い換えることができる。「みんなぼっち」は「1.5次空間(＝1.5次関係の場)」である。対友人、親友、恋人関係等の「情緒的人間関係」を第1次関係、「役割的人間関係」を第2次関係と呼ぶのに対し、そうした二分類にそぐわない人間関係を指す（富田, 藤村, 1999, p.30)。それは他者とのコミュニケーションを「人格的で永続的な人間関係」から「より匿名的で状況的な人間関係」へと移行させているとも、「制度的役割にもとづく社会的関係」から「自己によって規定された役割」に基づく社会的関係へ変化させているとも見ることができる（富田, 藤村, 前掲書, p.33, p.127)。

「ひとりぼっち」から「みんなぼっち」への変化は、まさに〈友人〉をつくらずにはいられない〈他人〉社会である大衆社会から、本質的に孤独な〈知人〉が等距離に居並ぶ繋衆社会への変容を示すものと言える。先に引いた言葉を用いれば、「ひとりぼっち」から「みんなぼっち」への変化とは、「孤独」から「個独」への変化と言い換えることができる。「みんなぼっち」や「個独」の時空に生きる「未来の若者たち」は「突発的で局所的な偶然のつながりを期待」し、また「パブリックとプライベートの境界」があいまいになることに「喜びを見出す」（小川, 前掲書, p.210)。

「突発的で局所的な偶然のつながり」とは、前述の言葉を使えば、未特定少数（未特定多数）とのスリリングなつながりである。そうした関係は、「公（パブリック）」を〈他人〉、「私（プライベート）」を〈友人〉と読み替えれば、〈他人〉と〈友人〉の境界が曖昧化することで生じる。というのも、〈他人〉とであれ〈友人〉とであれ、大衆社会の〈1対1〉は、その

第4章 繋衆社会の形成——〈多対1〉から〈1対1＋〉へ

時々のコミュニケーションの目的が達成されればとりあえず終了する完結的な関係だからである（つねに「仕切り直し」が行われる関係）。しかし、〈知人〉化すれば、壊れやすいが拡大もしやすい、換言すれば安定的でないがゆえに可能性に満ちた、常にオープンなネットワーク的な人間関係が構築されるようになる。

　NHK『ニュースシブ5時』によれば（2019年1月30日放送）、まったくの〈他人〉と出会う催しが人気であり、東京都内では3年ほど前（注…2016年頃）から月に300件程度開かれている。番組では「知らぬ人が集う～いま人気の食事会」、「子どもと参加～多くの人と交流を求め」、「新たな出会いが～元気と生きがいに」などとしてイベントの模様が放送された。米国ではより早くから同様の事態が進行中である。「知らない家」で「赤の他人」と食事をするFeastly（フィーストリー）がそれである。Ａｉｒｂｎｂ（エア・ビー・アンド・ビー。民泊サービス）の「食事版」とも形容される。「feast」には「宴」「ごちそうする」「ごちそうになる」等の意味がある。

　きっかけは2011年に始まった料理好きと食べもの好きとをつなぐSNSだが、2013年にワシントンＤ.Ｃ.で事業化された。その後、業態は次第に変化したが、当初の「素人の見知らぬ人との食事会」は現在でも活発である。主催者は「シェフ」で、会場もシェフの家だが、調理を本業としない「素人シェフ」も少なくない。人気シェフもいれば、人数が集まらず会を開けないシェフもいる。料金は無料から250ドルを超えるものまでと様々で、参加者も数人から10数人までと幅広い。旅行者は少なく、地元住民が圧倒的に多く、年齢は30歳前後から40歳前後が中心。友人や恋人と、夫婦で、1人で、と参加スタイルは多様。人気の理由は「共通の知人の集まり」ではないのでむしろ気づ

かいが無用であり、出会い、つながり、新鮮な会話、プライベート感覚などが楽しめる、料理「＋α」の部分という。「いつもと違う外食を楽しみたい」という動機も。一般的な「外食」でも「内食」でもなく、「中食」とも異なる。家族や〈友人〉、〈他人〉との関係ではない、まさに食を介して〈知人〉と出会う、偶然の機会そのものが会の魅力と言える。

【友だち親子】

　近年、特に母と娘が〈友人〉のように関係する、いわゆる「友だち親子」化が指摘される。家族もしくは親子はその関係解消がきわめて難しい点で究極のヒエラルキー構造と言えるが、それはしばらくすれば他者世界（〈友人〉と〈他人〉から構成される「大人の社会」）に投げ込まれる子どもを守り、また教育する、替えのきかない関係だった。「友だち親子」化について、「社会」に入る準備段階として訪れる思春期から反抗期の時期がほぼ消失することで親子の世代間ギャップがなくなるためなどとも説明される。この説明をさらに検討すれば、思春期や反抗期が消失するのは、他者世界が〈知人〉化することで、家族（親子）の緊張関係が薄れフラット化するからと言える。そうした事態は、他者世界の〈知人〉化により〈友人〉と〈他人〉が消失することを思えば、親子が〈友人〉化するというより、親子が〈知人〉化し、その親密さが際立つようになった、と考える方がふさわしいだろう。

【特殊詐欺】

　〈知人〉化により〈他人〉への警戒心が弱まれば、〈他人〉への信用・信頼は相対的に強まる。特殊詐欺について「対面することなく信頼させ、不特定多数の者から現金等をだまし取る

第4章 繋衆社会の形成――〈多対1〉から〈1対1＋〉へ

犯罪」（警視庁HP）と定義されるが、特殊詐欺の増加は面識のない不特定多数の人間、つまり〈他人〉を信じやすくなる、社会の〈知人〉化の反映と考えられる。大衆社会は〈他人〉への警戒心が支配すると同時に、全体性の感覚（他者と同じだ、平等だとの感覚）により秩序を保つ社会でもあったが、最終的には国（警察、司法制度）が安心・安全を一定程度担保する社会だった。犯罪はそうした〈他人―他人〉関係のなかで発生した。ところが、1970年代頃から人間関係を主な付加価値とするサービス業の利用が日常化する。人々にとって、〈他人〉は警戒するだけでなく、相応の信頼を寄せざるを得ない存在ともなった。〈他人〉が消失する〈知人〉化もしくは繋衆社会化が進行すれば、他者全体への警戒心が薄れるのは自然なことなのかもしれない。全体性の感覚を喪失する繋衆社会は、「私」と「公」の境界が消失するので詐欺に手を染める抵抗感は薄れ、他方で「個独」社会でもあるので、つながりを欲して他者を信じるほかなくなってしまうとも言える。このように繋衆社会は積極的な信頼関係で結ばれる社会というより、単に「信頼しないことがない社会」と言うのがふさわしいかもしれない。

【シェア】

先に少しふれた通り、近年の新たな取引形態であるシェアは〈知人〉化に関係すると考えられる。例えば、シェア・ハウス（これは和製英語）は、シェアの条件に違いはあるものの、性別や年齢に関わりなく、複数（通常は3人以上）の人間が一つ屋根の下で、キッチンやバス、トイレ等を共用しつつ、共同生活を営む賃貸住宅の形態を指す。プライバシー（の保護）やライフスタイルの違い等の問題から、同居者が〈他人〉はもちろん〈友人〉であっても、かつては想像すら難しい居住スタイル

である。ところが21世紀に入った頃から人気が出始め、今日では定着している。プライバシーの希薄化に伴う〈知人〉化に関係すると考えられる。

「蚤の市」とも呼ばれるフリマもシェアの一つである。1970年代に日本でも地方自治体や町内会、市民有志が主催して盛んになったが、スマホによるネット利用が一般化した2010年代にプラットフォーマーと専用アプリが登場し、より多くの利用者を得るようになった。念のため繰り返せば、消費者（製造や販売の素人）が所有する物品を別の消費者に販売する、その意味で「中古品」の売買がフリマであり（CtoC）、法人（プロ）が新品や中古品を継続的に、つまり事業として販売するサービス業（BtoC）とは異なる。その意味で、フリマを通じた物品売買は情報サービスであり、法人のそれは商業サービスと言える。多くのフリマは仲介企業が介在し、物品や売り手に関して一定の信用は保証するが、「買い手責任」が基本である。それでも見知らぬ個人から購入できるのは、少なくとも「売り手をまったく信用しないことはない」からだろう。知人化がそうした感覚を生む背景にあると考えるのがふさわしいだろう。

【オタクの死】

日本語の「大衆文化」を英語に直せば、一般的には「マス・カルチャー」（mass culture）やポピュラー・カルチャー（popular culture）であり、まれに「サブカルチャー」（sub culture）が使われる。「マス・カルチャー」は英国語であり、「high culture」（ハイカルチャー＝高級文化）の対義語である。そして「サブカルチャー」の原意は、エスニック・マイノリティやLGBTなどの生活様式を指し、全国規模の大衆文化（米国語で一般的なポピュラー・カルチャーまたは英国語のマス・カ

第4章 繋衆社会の形成——〈多対1〉から〈1対1+〉へ

ルチャー）を「メイン・カルチャー」（主流文化）と捉えた場合の反対概念である。1950年に米国の社会学者デイヴィッド・リースマンが『孤独な大衆』で提示したのが最初とされる。日本では「副次文化」や「下位文化」などと訳され、「一次文化」や「上位文化」との対照性が含意される。しかし、「一次文化」や「上位文化」、さらに「主流文化」に該当する大衆文化がほとんどない日本で、「副次文化」や「下位文化」が何を指すのか、理解が難しい。英国語由来、米国語由来の概念、用語、言葉等が混在する日本の事情も混乱を助長する。日本で言うサブカルチャーとは、映画、漫画、アニメ、ゲーム、タレント、アイドル、声優、特撮など、作品の物語そのものより、言葉遣い、服装、髪型、キャラなど、登場人物の細部をより作り込みやすいコンテンツを持つ、分衆時代に典型的に現れた、読者や視聴者の選択余地が大きいマルチメディアにより適した文化領域、とでも定義するのがふさわしい。

こうしたサブカルチャー（英国語で「大衆文化」、米国語で「下位文化」と区別すべきか）に没入する「エリート集団」は日本では「おたく」（オタク）と呼ばれた。「おたく」という言葉は、周知のように、エッセイストの中森明夫（1960～）が1983年にコミケ（コミックマーケット）やアニメ大会で友人を「おたく」と呼ぶ中学生、また教室に閉じこもり将棋などに打ち興じる学生などを指して蔑称として命名したのが発祥とされる。ただ、それがおたくの全部の意味ではなく、マス・コミュニケーション体制（〈1対多〉）に対し、細部に執着することで均質化の圧力を跳ね飛ばす、対抗文化の性格も潜在させていると理解する向きもある。

他方、そのマスメディアが粘り強さを発揮し、「おたく」を「オタク」とカタカナ表記するようになると、「サブカル」（こ

の用語ではマスメディアが流布する「大衆文化」に対抗する「副次文化」や「下位文化」を含意する）としての毒を抜かれ、単に大衆文化のマニアックな愛好家や消費者、コアなファンを指す言葉となったとも評される。こうなるとサブカルチャーのエリート集団は、「キャラへ萌え」（「萌え」とは強い愛着心や情熱、欲望等が沸騰する感情を表す俗語）で集う「子どもっぽい趣味」のグループに矮小化されつつ、各集団がタコツボ的に並存し、オタクの間でいじめが起こり始めた、などとも解説される。

　いずれにせよ、分衆が繋衆化するのに従い、オタクの求心力は〈知人〉社会の開放性に食いちぎられる。それは他者世界に浮かぶ〈友人〉が〈他人〉化し、〈知人〉化するのと同様のベクトルである。それはまた「ニューメディア」（マルチメディア）が「ICT」に取って代わられるのと同様の力学である。こうしておたくやオタクは死滅し、対抗文化も消失した。しかし、おたくやオタクが持つ知識・技術の水準には及ばないかもしれないが、代わって立ち現れた〈知人〉は皆、種々の専門知識や得意分野を持ち情報を発信する「個人化した新オタク」と言える。「サブカルのエリート集団」は消滅したかもしれないが、「サブカルのエリート」は絶えることなく誕生し、つながる時空を待っているのである。

2　プライバシーの公開

　大衆は自分はすべての他者と「同じだ」という観念を持つ。そうした観念を本書では、大衆民主主義の根幹をなす「平等イデオロギー」と呼んだ。大衆は実際に他者のすべてを個別に調査してそのような結論を出すわけではない。〈1対多〉のマ

第4章　繋衆社会の形成——〈多対1〉から〈1対1＋〉へ

ス・コミュニケーション体制により、大量複製品（メディア＝モノ＋情報）を実際に所有・享受し、また所有・享受しているに違いない、と想像することによってそう判定する。「本当に同じ」かは、実はわからない。例外は〈友人〉である。まったくの偶然を別にすれば、中間集団での実際の出会いを機に〈1対1〉のコミュニケーションを通じて私的な情報をも共有しつつ関係を深める。

　これに対し、繋衆社会では〈知人〉化した他者個人の情報をわずかであれ知ったうえで関係を取り結ぶ。ここでの「知る」とは、独自性を表現する〈知人〉に共感や興味を覚えることを指す。そしてそのような独自性の表現は当該人物のプライバシーの一定程度の公開を伴う。これまでの説明概念を用いれば、〈他人〉が〈友人〉化し、〈友人〉が〈他人〉化することで生まれるのが〈知人〉だが、〈知人〉化は自らのプライバシーを公表することで実現する。個別的な人間関係である〈友人〉を含め、全体性が失われる「大衆社会後」の状況において他者とつながるには、関係を取り結ぶに値する人間であることを顕示すべく、プライバシーを一定程度公開しつつ、自らの独自性を演出するほかないのである。

（1）個人情報とプライバシー

　プライバシーについて注意すべきは、「個人情報」（personal data）という用語に「情報」（data）という単語が使われる通り、プライバシーも「プライバシー情報」とでも呼びうる概念であることである。「プライバシー」に「情報」の語が用いられないのは恐らく、情報として流通することが可能性としてすら想定されず、一定のプライバシーを保管する政府のPC（もしくは紙の書類）や役人の漠然とした記憶として秘匿され続ける

「情報」と考えられるためと推測される。逆に近年、「プライバシー情報」が流通し始めたために、先に確立されていた「個人情報保護」の法的範囲をめぐり、「プライバシー」が問題として浮上していると考えられる。

　日本の個人情報保護法は、個人情報について、「生きている個人に関する情報で、特定の個人であると分かるもの及び他の情報と紐づけることにより容易に特定の個人であると分かるもの」（法第2条第1項）とされ、同法の保護対象となる。プライバシーについては、同法に保護や取扱いに関する規定はないが、考え方として、個人情報を適正に扱うことでプライバシーを含む個人の権利・利益が保護されるとされる。

　個人情報とプライバシーの違いについて、しばしば封筒の表書きと封筒の中身にたとえられる。つまり、封筒の外に記された氏名や住所等は個人情報であり、中の便箋等に記された内容がプライバシー相当の情報である。個人情報についてはまた、自分以外の人物、組織が自らを識別する記号として割り当て、本人確認手段として公的に裏書きされている場合が多い、固定的な情報などとも定義できる。運転免許証や保険証、マイナンバーカード等であり、狭く流通はするが、乱用は法律違反となる。これに対しプライバシーは、他人に知られたくないあらゆる情報で、その中身は人により異なる、と定義できる。これはいわば動学的定義と言える。例えば、「連絡先を教えて欲しい」という頼み事に対し、その他者が〈友人〉であれば教えても、初対面やまったくの〈他人〉であれば拒絶する。連絡先は個人情報ともプライバシーとも言える。氏名、性別、生年月日などはSNS上で流通する場合もあり、入手が著しく困難という情報ではない。しかし〈他人〉には「知られたくない」と主観的に思えば、プライバシーとなり、法的保護の対象となる場合もあ

第4章　繋衆社会の形成――〈多対1〉から〈1対1＋〉へ

る。この考え方に従えば、情報公開を本人が承諾し、そのうえで流通目的や流通範囲を限定すれば、プライバシーの侵害は成立しない（思想・信条や宗教、性癖等の恐らくきわめて高度なプライバシーが裁判で公開される場合がある。学歴や職業、所得、趣味、資格等は、民間企業がマーケティング等の目的で非常に欲するプライバシーである）。

　本書の問題意識に従えば、〈友人〉と〈他人〉が消失し、他者が〈知人〉化する社会において、個人情報やプライバシーはどう考えられるべきか、という問いを設けることができる。例えば、SNSでは氏名（実名）、性別、生年月日はもちろん、住所や電話番号、配偶者の有無、職業、所得、学歴、趣味、さらに思想・信条、宗教等ありとあらゆる個人情報・プライバシーを書き込むスペースが設けられているものがある。名前以外まったく書き込まないことも、デタラメを書き込んで済ますこともできるが、そうであれば大体において人間関係を構築するのが目的のSNSにアカウントをつくる意味がないとも言える。

　個人情報・プライバシーの問題（正確には「公開問題」）はさかのぼれば、経済・社会のサービス化にあったと言える。同問題は西欧の歴史的観点からは三つ、もしくは四つの段階に整理することができる（図表8）。

　17世紀の主権国家概念の成立後、18世紀頃からの市民社会（国家社会）の生成を経て、18世紀末頃からの国民国家の形成に伴い、国家はパスポートなどID（身分証明書）導入等を通じて人口を確定したり国民としての個人を特定したりする必要が生じた。こうして個人情報の概念が発生する。

　19世紀後半以降の大衆社会では、普通選挙の拡大に伴う政府の大型化、生産者の大企業化、さらにマスメディアの発展に伴い、固定的な情報発信者・情報源が増加する。「固定的な情報

発信者・情報源」とは〈1対多〉の〈1〉に相当する人物で、具体的には政治家や財界人・企業家、映画俳優、知識人、専門家、有名芸能人、その他の「セレブ」等である。彼・彼女らの知名度はしばしば広告に役立てられ、私生活に関するゴシップは格好の商業情報となる。本人が営業や売名目的で意図的にリークする場合もある。他方、当人にすれば秘匿したいプライバシーが暴露される場合もあるので、国家には個人情報と併せてプライバシーを守る必要が生じる。一般国民についても、普通選挙や義務教育、社会保障、労働・納税義務等の拡充に伴い、国家による個人情報収集・管理体制の整備が進む。

「プライバシー権」という語を用いて初めてプライバシーを理論化したのは1890年、米国の弁護士のウォーレン（Samuel D. Warren）とバランダイス（Louis Brandeis）が「プライバシ

図表8：プライバシーと個人情報の動向

時代	政治	社会	経済・産業（主なビジネスモデル）	個人情報とプライバシーの動向	コミュニケーションの特徴
17世紀～前期資本主義 18世紀末～	主権国家の成立・絶対主義 国民国家の形成・自由主義	封建社会 市民社会	⇒GtoC (⇒G=B≒C)	*個人情報の概念の発生*・国家による国民の特定（パスポート含むID）	文字による記録
19世紀後半～後期資本主義	国民国家の成立・大衆民主主義	大衆社会	工業化（大企業の出現）⇒BtoC	*プライバシーの権利の誕生*・ゴシップ（政治家を含むセレブの私生活の暴露） ※GによるBの規制強化（守秘義務） *個人情報管理の精緻化、徹底*・普通選挙、義務教育、社会保障、納税等の拡充	マス・コミュニケーション
1970年代～			サービス化（"私生活"が外部化しビジネスに）⇒ BtoC (⇒CtoC)	*"プライバシー"の"個人情報"化*・営利組織の個人（顧客）情報の収集・管理	ニューメディア
21世紀～	国民国家の動揺	繁衆社会	情報サービス化（サービス内容が著しく細分化）⇒CtoC	*"個人情報"（=個人情報・プライバシー）のオープン化*・個人による自発的な個人情報、プライバシーの開示を通じた人間関係の構築（SNS）	ネットワーク・コミュニケーション

注）Gは政府、Cは国民（消費者）、Bは企業
出所）筆者作成

第4章 繋衆社会の形成――〈多対1〉から〈1対1＋〉へ

ーの権利」（The Right to Privacy）という論文を『ハーバード・ロー・レビュー』に掲載した時である。彼らはプライバシーを「一人でいさせてもらう権利」（The Right to Be Let Alone）と定義づけた。プライバシー権が初めて最高裁判所で認められたのは1967年の判決「Katz vs. United States」（「カッツ対アメリカ合衆国」）だった。それはカッツ氏がギャンブル情報を公衆電話で他州の顧客に提供する疑惑捜査のため連邦捜査員が電話ボックスを盗聴したことについて、捜査令状が必要かどうかを判断するよう求めたものである。裁判所は憲法修正第4条について、「プライバシーは場所ではなく、人を保護する権利」であり、現代のプライバシーの基準とされる「プライバシーの合理的期待」（reasonable expectations of privacy）は保護されるものと判断した。

1970年代頃からの経済・社会のサービス化は個人情報やプライバシーの概念を一変させる。大部分のサービス産業にとって、顧客との〈1対1〉のコミュニケーションこそ付加価値の源泉だからである。言い換えれば、ごく一部であっても「私生活」が外部化（貨幣化、市場化）し、直接・間接に商取引の対象となる事態がサービス化である。プライバシーの個人情報化、つまり法的に保護され、取り扱いは要注意とされるが、流通が可能になる事態とも言える。今日、日本では「個人情報保護方針」と「プライバシー・ポリシー」は同義で用いられている。

前述した通り、病院のカルテはプライバシーの塊である。他の接客サービス業、そして消費財を販売する製造業も「顧客カルテ」などと称して膨大な個人情報・プライバシーを収集・管理する。モノの生産地として低コスト国・地域が台頭するなかで、特に高度な技術を持たない製造業者は、企画や販売、アフターフォロー等の情報・サービスを収益の源泉とせざるを得な

くなり、顧客情報の収集・活用が死活問題となった。

(2) 保護されぬ「有名人」

1990年代後半以降、事態はさらに複雑化する。個人情報やプライバシーを当人がすすんで公表するようになったからである。しかも、プライバシーの提供先は、政府というより、間接的には営利企業、直接的には個人である。民間企業が展開するSNSがその代表例である（ビジネスモデルの表現を援用すれば、CtoB＝個人対企業 [Consumer to Business]。さもなくばCtoC＝消費者間[Consumer to Consumer]もしくは顧客間[Customer to Customer]）。そのような面識がなくともつながったり、取引できたりする個人が〈知人〉（もしくは繫衆）である。他方、その結果、個人情報やプライバシーは、「B」（企業）にとって莫大な利益を生み出す「（ほとんどコストゼロの）仕入品」となり、収集した情報を別の企業に直接、間接に販売する企業が台頭した（GAFAM＝Google、Amazon、Facebook[現Meta]、Apple、MicrosoftやX[旧Twitter]、TikTok[ByteDance]等がその代表例）。いずれも、オンラインでビジネスを展開するので、個人情報・プラバシー情報の収集は容易である。これらの結果、個人情報に加え、プライバシー、さらに「利用したサービスの履歴」それ自体も（恐らく全部ではないが）営業資料などとして売買されるようになった。

個人情報やプライバシーの公開はさらに進化を続けている。後押ししたのはスマホの普及である。ほとんど身体の一部として常時接続するスマホは、当該人の位置の特定をリアルタイムで可能とする。また、思いついた時に録画（写真・動画等）、録音（音声）し、即時的にそれらの発信を可能とする。もはやそれ自体がプライバシーの放棄とも言える。繰り返せば、スマ

第4章 繋衆社会の形成――〈多対1〉から〈1対1＋〉へ

ホが誕生し、SNSが普及したので渋々とプライバシーや個人情報を公開するのではない（技術決定論ではない）。現実（リアル）の世界でプライバシーや個人情報の公開に躊躇がなくなった、もしくは希薄化したからこそSNSが誕生し、スマホが普及し、そして繋衆社会が出現しつつあるのである。

近年、ネット上の誹謗中傷が社会問題化している。問題化しているのは「有名人」に対する誹謗中傷である（「非有名人」へのそれはおおむね「いじめ」と呼ばれる）。誹謗中傷（いじめを含む）は恐らく、SNS登場後に増加していると推測されるが（SNSの誕生時期を特定することは難しいが、Facebookの一般利用の開始は 2006年）、その背景に〈知人〉化があるのは間違いない。〈知人〉化は、〈友人〉の〈他人〉化と〈他人〉の〈友人〉化により成立するが、これにより〈友人〉のみが知りうる情報（主にプライバシー）の暴露に関する抵抗感が薄れると同時に、〈他人〉世界を秩序づけてきた全体性または「公」の規範は弱体化する。〈他人〉世界のヒエラルキーは崩れ、〈1対多〉の〈1〉は〈多〉レベルへと「降格」する。〈1〉を構成してきたヒエラルキーの上位に位置する〈他人〉、つまり有名人やオピニオンリーダー（政治家、財界人・企業家、芸能人、知識人、その他のセレブ等）の情報は、〈友人〉並みに「私人化」する。他方、〈友人〉も〈他人〉化するので、知り得た敏感情報（主にプライバシー）を守ろうとする意識は薄れる。世界は個人情報やプライバシーであふれるが、特に大衆社会（マスメディア）で排他的な発言権を持つ特権的存在だった〈1〉は、大衆社会（マスメディア）では情報の受け手の地位に抑え込まれ発言・反論機会を奪われてきた〈多〉によってさらし者にされ、また批判もされる。今日、ちょっとしたコメントに数千、数万の「いいね」が短時間に付く、「有名人」をはるかに

凌ぐ人気を誇る「無名人」(かつての〈多〉) は珍しくないのである。

このような観点から見れば、マスメディア (もしくは大衆社会、「他人社会」、「公」の世界) で特権的に発言・表現を許される有名人が存続する限り、そしてSNSの興隆を含め〈知人〉社会化が進む限り、ネット上の誹謗中傷が止むと考える方がナンセンスで、ナイーブとも言える。

〈1対多〉の〈1〉として全体性 (平等性、公共性) の独占的な再生産能力に安住してきた国家も同様である。もはや独占的にプライバシーを収集・保管できるわけではない。マスメディアを含む一般企業、特に有力プラットフォーマー (先のGAFAMやX、TikTok等) が持つ情報はすでに政府を凌駕する。政府はこの事態に対し、治安維持や「より良き公共サービスの提供」を理由に、プラットフォーマーへの規制を強化しつつ (徴税や情報管理等)、より詳細な「私」情報 (個人情報やプライバシー) を収集・管理できる体制を懸命に整備しつつあると言える。財産状況の把握を可能にする「国民総背番号制」はもちろん、通信の傍受やCCTV (閉鎖回路テレビ) による監視等もそこには含まれる。「スパイ」に関する法令を整備した国、整備を進めている国もある。

このように繋衆社会では、「私」という概念そのものが死滅しつつあるように見える。その時代状況の下で、国家・企業・個人の間で、「私」情報の収集と管理をめぐり主導権争いが生じていると解釈することができる。

個人情報やプライバシーの公開化・市場化という意味でのそれらの死滅もしくは争奪戦は、いずれにせよ社会の〈知人〉化の反映である。〈知人〉化とは、視野を広げてみれば、国境内での大衆 (国民) としての生存に執着しない繋衆が引き起こす、

第4章　繋衆社会の形成――〈多対1〉から〈1対1＋〉へ

国民統合の逆転現象でもある。大衆社会の生成を受けて成立した「民主国家」が国民の管理・統合体制を強化し、企業が顧客を囲い込むべく「私」情報の収集・活用に躍起になるのは、そのような大衆の繋衆化（国民国家の溶解、大衆の価値観の越境的な多様化）への危機意識の表れと考えることができる。

第5章　繋衆社会の政治・経済思想

　近代国家が社会を土台に制度的に建設されるものだとすれば、社会の変容は、政策はもちろん、近代国家そのものの有り様に変容を迫る。19世紀後半から20世紀前半にかけて、米欧と日本などいわゆる「西側先進諸国」で大衆社会化が共時的に進行し、国民統合を通じて等しく近代国民国家が成立した。その近代国家は次第に独自の特徴を持ち始め、敵と味方に分かれ第一次世界大戦を戦ったが、大きく分岐したのは1930年代である（先にそれらを2軸を設け四つに類型化した）。それらは今度は第二次世界大戦を戦い、その結果、全体主義は敗北し、無政府主義は思想として生き延び、国家として残ったのは社会主義国と修正資本主義国だった。その後、1970年代末の中国の改革開放への転換を経て、1990年前後に冷戦構造は崩壊した。次にやってきたのが繋衆社会である。

　今日の繋衆社会化が、より広範な国・地域を巻き込んで、同じく共時的に進行しているのは間違いない。ならば、繋衆社会を土台に建設される国家はどのようなものだろうか。それら国家が構成する国際社会はどのようなものになるのだろうか。

　大衆社会と繋衆社会の決定的な違いは、大衆社会は国民国家の土台となったのに対し、繋衆社会はむしろ国民国家の溶解を進める点である。これを国民統合の逆転現象と呼ぶことができる。これまで述べた通り、繋衆社会の特徴は、①非全体性（分断性または多様性）、②越境性、③社会と国家はより対立的に

第5章 繋衆社会の政治・経済思想

現れる、という三つにまとめることができる（図表9）。大衆社会は「平等」を「均質」と解釈したうえで、国民から権力行使を負託された政治家が政治を営んだが、繋衆社会は「格差」を「多様性」と捉え、繋衆自らが「政治」を展開する。人々の価値観が真に多様化する社会であれば、国民国家を維持するのは難しい。本来的に多様性と国民国家は共存できないからである。

図表9：大衆社会と繋衆社会

分類	特徴	社会	国家
大衆社会	全体性 ⇒"平等"（均質化）と量的格差	公共性	国民国家 （国民統合）
繋衆社会	分断性 ⇒"分断"（質的格差）と多様性	越境性	社会と国家はより対立的

出所）筆者作成

　以下、繋衆社会化に反応して生成していると考えられる政治思想を同じく2軸を用いて四つに分類・整理する。これら四つの思想の相互の相性を論じることはできる。しかし、その四つの思想をめぐる次のような問いに対する解答を現時点で提示することは難しい。その問いとは、大衆社会の時と同じく、国家間の争いへと昇華するのだろうか？　その戦争は冷戦なのか、熱戦なのか？　繋衆社会がそれ自身で秩序形成・維持が可能な「社会」であるとすれば、国家という枠組みそのものがついに消失するのだろうか？　その場合、戦争は回避できる、もしくは地上から完全になくなるのだろうか？　どの思想がより延命

するのだろうか、などである。

　繋衆社会は1970年代頃からの大衆社会の動揺を経て、1990年代末、より鮮明には21世紀に入り姿を現した新たな社会像である。繋衆社会化は近代国家にとって脅威である。なぜなら、繋衆社会化は国民統合の逆転現象と言えるからである。マス・コミュニケーション体制（〈1対多〉。大量複製・同時送達体制）が動揺し全体性が希薄化する一方で、より細分化されたサービスの需要が増加し、個人レベルでの情報発信・享受が拡大し、DIYの動きも鮮明化する。さらに地産地消型の地方分権化も進展する。こうして国家と国民の間で隙間が──国民国家の始原とされるフランス革命から起算すればわずか200年程度で──顕在化する。

　大衆の国民化の手段としてのマス・コミュニケーション体制が揺らぐ1980年代に一世を風靡したのが新自由主義である。新自由主義はマーガレット・サッチャー元英国首相が保守党の基本政策に従い推し進めたことから「新保守主義」とも呼称され、階級闘争が歴史的に存在しなかった米国ではさらなる自由を要求するリバタリアニズムとも称される。サッチャーは「社会というものは存在しない。個人としての男性がいて、個人としての女性がいて、そうして家族があるだけだ」（There's no such thing as society. There are individual men and women and there are families）と言った。新自由主義は市場規制を減らし自由競争に任せる経済的側面が強調され、社会と国家の関係については看過されがちである。しかし、サッチャーの新保守主義が、「（大衆）社会」を退け、代わりに社会が市場とイコールで結ばれる「国家社会」（市民社会）を想定したのは明らかである。「国家社会」は主に自営業を営む市民が構成したが、サッチャーはそうした個人の経済的営為と社会が結ばれる「古典的な自

第5章　繋衆社会の政治・経済思想

由主義国家」（＝国家社会）の再興を企図した。1990年代に入り、古典的自由主義は所得格差拡大の元凶として糾弾され、その名前の使用頻度は減じた。しかし今日、新自由主義（新保守主義）は無意識裡であっても受容され、政策に反映されてもいる。繋衆社会はそのような新自由主義の土台のうえに出現し、成長を続けていると言える。

　先に大衆社会の出現に対応した四つの政治思想を抽出する際に、≪国家―社会≫と≪組織―個人≫の2軸を用いた。繋衆社会についても、同じ2軸を用いて四つの政治思想を取り出すことができる。それらを大衆社会の図に追加する形で示す（図表10）。繰り返せば、「組織」とは、組織実体を意味するというより、マス・コミュニケーションの原理により成立する基準・規範の下に人々が均質化され、成員化され、その成員の間では量的平等性（全体性）が達成される事態を言う。「個人」とは、

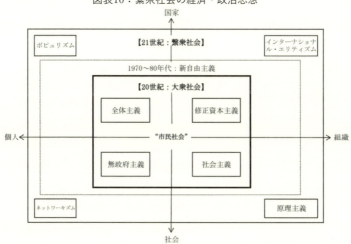

図表10：繋衆社会の経済・政治思想

出所）筆者作成

人間の数だけ存在する主観的・相対的な個別基準を言う。具体的には、個人の信念や価値観に従い自らを表現するライフスタイル等である。

ただし繋衆社会では、秩序形成の原理を表す≪組織─個人≫の軸は≪組織至上主義─個人至上主義≫へと、秩序形成の主体を示す≪国家─社会≫の軸は≪国家至上主義─社会至上主義≫へと極端化する。以下でも述べるように、国民国家がなお絶対的な枠組みであるなかで全体性（均質性＝量的平等性）が失われる繋衆社会化が進行する状況下では、一方では繋衆社会化をさらに推し進めようとする力学が、他方では繋衆社会化を押しとどめようとする反動的な力学が強く働く、と考えられるからである。

社会の安定維持に関して、政府とマスメディアを含む大企業が牽引する国民統合、それにより成立する国民国家を必要とする大衆社会と異なり、繋衆社会はいくつもの、しばしば越境的な結び付き（ネットワーク）の集合体にすぎない。その開放性は国民国家が想定する閉鎖性とはまったく相容れない。

現象的には新自由主義の後退後に現れたとはいえ、国家至上主義と社会至上主義はそれぞれ、単なる修正資本主義（ケインズ主義）や全体主義（ファシズム）、もしくは社会主義や無政府主義（アナキズム）への回帰思想ではない。繋衆社会は、新自由主義を通過したことで、個々人の自由を大幅に許容する。すなわち、新自由主義は、大衆社会状況における国家による「量的不平等」（の是正）を個人による「質的不平等」（の追求）へと転換する触媒になったと言える。「質的不平等」は「多様性」（の実現）や「個性」（の尊重）などと言い換えることができる。これを理論的に捉えれば、政府による経済的手段を用いた社会への介入は控えるべきと説く思想が新自由主義だとすれ

第 5 章 繋衆社会の政治・経済思想

ば、新自由主義は社会が内包する非経済性、つまり大衆社会の深層で沈殿していた、希少性や所有(排他性)とは対極にある、社会が本来的に内包する無償性や共有性を刺激し、蘇生させたと言える。その結果として、ヒエラルキーをつくる「量的格差」(No.1 を目指すベクトル)は、ネットワークを形成する「質的多様性」(Only oneを目指すベクトル)へと変質する。そのような繋衆社会の生成に対して、国家至上主義の側では、国民再統合を進めるべく「社会」(繋衆社会)に対する国家管理を強化する反動思想が、社会至上主義の側では国家からの「社会」(繋衆社会)の自立性をさらに高めようとする急進思想(国家至上主義者にとっては「分離主義」と映る)が現れる、と考えることができる。

さて四つの政治思想とは、第一象限から(反時計回りに)インターナショナル・エリティズム(international elitism。あえて日本語に訳せば「国際エリート主義」)、ポピュリズム(populism)、ネットワーキズム(networkism、ネットワーク主義)、そして原理主義(fundamentalism)である。

以下、四つの思想についてより詳しく述べる。近年の政治動向に従い、四つの思想に最も当てはまると考えられる国を例示するが、境界線上にあったり二つの思想の間を行き来したりする国・指導者がむしろ多いようにも思える。例えば、米国のトランプ大統領(第一期は2017〜2021年、第二期は2025〜)はポピュリズムの、日本の安倍政権(2012〜20年とする)はインターナショナル・エリティズムの典型事例と言える。大部分の自由主義・民主主義国家はこのインターナショナル・エリティズムに該当すると考えられる。中国の習近平政権(2013〜)はインターナショナル・エリティズムと原理主義の間を往来しているように見える。ロシアのプーチン大統領(2012〜)は原理

主義の代表例のように映る。

1　インターナショナル・エリティズム

　《国家至上主義・社会至上主義》の象限にある。前身（大衆社会の時代状況での思想）は修正資本主義（ケインズ主義）である。繋衆社会化が進む社会では、社会と国民国家の間に隙間が出現し、拡大する。その隙間を国家を拡大・強化するアプローチによって国家に回収し、国民国家の再建を図ろうとするのが、このインターナショナル・エリティズムである。グローバリズムを「インターナショナリズム」（意訳すれば「国家の際［きわ］」を拡げる思想）と反動的に、つまりナショナリズムに引き付けて解釈するところが最大の特徴である。その意味では反グローバリズムである。

　従って、インターナショナル・エリティズムは、国力増強の目標を明確に掲げ、その手段として軍備拡充や経済成長促進、業界再編、選挙権年齢の引下げや在外選挙制度導入など有権者の拡大を含む大衆民主主義諸制度の改良等を推し進める。大衆民主主義がナショナリズムに昇華し、国力増強に結び付く、20世紀初頭の大衆社会創成期のような時代状況の再現を希求するからである。本質は「国際化されたナショナリズム」という「無色透明化された拡張主義」なので、外交において「民主主義や人権は普遍的価値」などの言葉が多用される。また、上述した国家による社会管理の強化を目指す反動思想の一つがこのインターナショナル・エリティズムである。繋衆社会化が進行するなかでは、社会の「分断」と国民の越境化が避けられず、社会秩序の維持には国民総背番号制の導入など、ソフトで緻密な社会管理の強化が必要となるからである。

第5章　繋衆社会の政治・経済思想

　経済成長については、内需はもはや力不足なので、企業の海外展開（特に国内企業の対外直接投資、外国企業の対内直接投資）を促し、対外投資に関してはその収益や配当を原資とする所得再分配に期待を寄せる。政府はその支援策として、FTA（自由貿易協定）やEPA（経済連携協定）等を締結し、さらにインフラ輸出等のトップセールスを繰り広げる。長期的には政治統合も視野に入れる。地域経済統合は中国や日本を含むアジア諸国が比較的意欲的に取り組み、英国を除くEUも熱心である。経済外交は日本と中国の競り合いが目立つ。

　ところが、FTAやEPA等の国家統合政策を大胆に進め、自国企業の海外活動を支援し、外国企業や外国人の対内投資や居住を促せば、全体として国力は増強するかもしれないが、恩恵を受けるのはほとんどもっぱら国際エリートなので、国内の所得格差が拡がり、国民がエリート（大企業、高所得者、大都市、都市等）と非エリート（中小零細企業、低所得者、中小都市、農村等）に分断される事態は避けられない。政府が希望を託すのは国内非エリートへの「したたり効果」（トリクルダウン効果＝trickle-down effect）のみだが、国際エリートの諸資源（ヒト、モノ、カネ、情報）のネットワークは主に国外に広がるので、もはやその効果は限定的である。むしろ「国際エリート連合」がますます拡大すると考える方が現実的である。そうした声に対し、たとえ公共性や国家主権を犠牲にしたとしても、強いナショナリスト的覚悟をもって、それもやむなしと国際化に邁進する自己撞着的なスタンスは、インターナショナル・エリティズム特有のものである。いずれにせよ、繋衆社会においては、政治が経済成長や業界再編、大衆民主主義の改良等を通じてマス・コミュニケーション体制を再強化し大衆国家の再興を図ろうとすれば、むしろ大衆民主主義、大量生産・大量消費、

マスメディアを後退させ、全体性の弱体化を招き、社会を不安定化させる、というパラドックスが存在する。

2　ポピュリズム

《国家至上主義・個人至上主義》の象限にある。しばしば「極右」と呼ばれる。ポピュリズムは一般に右派と左派を区別するが、ここでのポピュリズムは右派を指す。インターナショナル・エリティズムは、繋衆社会化により社会と国民国家の間に現れた隙間を、国家権力を拡大・強化するアプローチにより国家に回収しようとする思想である。これに対しポピュリズムは、繋衆社会を既存の国民国家の国境内に取り戻すべく、一部の繋衆と残存する大衆を切り捨て国民とするアプローチをとる。そのベクトルは内向きであり、文字通り「一国主義」に傾斜する。

ポピュリズムは日本では「大衆迎合主義」や「人気取り政治」などとも訳されるが、それは全体性を成立要件とする大衆社会や大衆民主主義の存在を前提とする定義である。繋衆はもはや全体性に興味がない。現代ポピュリズムは、グローバリズムが進展するなかで拡がったむしろ政治指導者やエリートとの距離感を発生条件とする。ヤン＝ヴェルナー・ミュラーは、現代ポピュリズムの特徴として反エリート主義と反多元主義の二つを挙げる（ミュラー, 2017, pp.123-126）。このミュラーの指摘を踏まえて現代ポピュリズムの特徴を整理すれば、①反グローバリズム、②国境の強調、③全体性の捨象の三つと言える。②は国家至上主義を示し、③は国民という全体性をあらかじめ捨象することを指す。すなわち、グローバル化が進むなかで、大衆民主主義は「エリートの民主主義」に堕落してしまった。従って、

第5章　繋衆社会の政治・経済思想

　「真の民主主義」は一国主義と「一部国民主義」によってしか成立し得ない。それが国力増強にもつながる、という内外に対する排外主義が現代ポピュリズムの特徴である。国境を強調する一方で国民を狭く定義するので矛盾を抱える思想にも見えるが、国家を強調する点で、繋衆社会においてはインターナショナル・エリティズムとともに反動思想であるのに違いはない。インターナショナル・エリティズムが力を増せば増すほど反エリート主義（一部国民主義）と国家至上主義（一国主義）をバネにポピュリズムは増勢し、両者の対立関係が深刻化する、という関係にある。

　ポピュリズム研究は1970年代以降に盛んになったが、現実の政党政治の舞台でポピュリズムが注目を集めたのは2010年代以降である。2018年11月から仏で繰り広げられている「黄色いベスト運動」がしばしばその先駆的存在として指摘される。失業に直面する若年層のほか、農家、都市周辺住民など中間層が、長期休暇を楽しむのは安定雇用される正社員や富裕層だけだ、と反格差、反エリート、反移民等で結束する。同様の示威運動は、ドイツ、オーストリア、スイス、イタリア、スペイン、オランダ、ベルギー、デンマーク、ノルウェー、スウェーデン等のEU諸国、米など世界各地で勢いを増している。

　第一象限のインターナショナル・エリティズムについて、現代ポピュリズムは、貿易・投資等の越境的アレンジであるFTAやEPAのような「国際協調主義」を推し進めることで所得・資産格差を拡げるとして糾弾する。富の多くを握る少数の資産家を直接に指弾し、多国籍企業を「自国民の雇用機会を奪う」として非難する。反多元主義の側面は反グローバリズムに結び付き、第三象限のネットワーキズムについて「無秩序」、「非愛国的」として嫌悪する。反多元主義の最もわかりやすい事例は移

民、難民の排斥である。

　物質的な格差批判は、左派（マルクス主義勢力）やリベラル派（修正資本主義勢力）が19世紀後半〜20世紀前半から繰り広げてきたので、それ自体に目新しさはない。現代ポピュリズムの新奇性は、富の偏在はもちろん、移民・難民の流入増加等は、インターナショナル・エリートが、グローバリズムに乗じて、自由や人権などの価値観を「普遍的価値」や「国際協調」の名で推進することの結果であり、国民の分断を引き起こしている、とナショナリスト的情熱をもって「エリートの大衆民主主義」を攻撃する点にある。福祉国家の確立を目指した20世紀型の修正資本主義（大衆民主主義。もはや「伝統的民主主義」と呼ぶべきだろうか）は、「人権」や「民主」、「自由」などのスローガンが残るだけで、もはや機能しない「錆びついた民主主義」と考える。そのうえで「普遍的価値」の名の下で越境するエリートや移民・難民を排斥しつつ、「国内に捨て置かれた残余の国民」（彼らはしばしば「旧中間層」と位置づけられる）を動員し、皮肉にも、自ら「分断」をつくり出す。経済的・社会的格差（「エリートによる分断」）に対抗するという意味で「逆分断」とでも呼ぶべきだろうか。そのようにして「真の民主主義」を実現しようとする。「偉大な国家」を取り戻すには、グローバリズムもしくはグローバリズムと結託したエリートと闘うほかない。そうしたグローバリズムの進展に伴い顕在化した国内における「分断」や「排除」（差別）は、必ずしもポピュリズムやその反グローバリズム思想に関連づけられるわけではないが、20世紀末頃から「社会的分断」（social division）や「社会的排除」（social exclusion）という概念によっても説明される（Wilson, William Julius, 1996, p.307）。

　18世紀以来の欧米史を振り返れば、ナショナリズムは国民統

第5章　繋衆社会の政治・経済思想

合と民主化の原動力だった。植民地からの独立を進めた二つの世界大戦後のアフリカやアジア諸国も同様である。しかしグローバリゼーション下もしくは繋衆社会状況下においては、20世紀的なナショナリズムは国民としての全体性をむしろ解体し、分断や排除を推し進める「反・民主主義」に転じる。国民の基礎を成す大衆社会もはや存在せず、国家という外形のみが残存する「エリートのナショナリズム」（国家主義）に変質しているからである。現代ポピュリズムを、グローバリゼーションが進む21世紀に現れた、国民主義としての20世紀ナショナリズムの復興を目指す思想という意味で、「遅れてきたナショナリズム」や「遅れてきた大衆民主主義」と呼ぶこともできよう。

　史上初の代表的な現代ポピュリストは、恐らく「アメリカ・ファースト」を掲げ、「米国を再び偉大に」（MAGA＝Make America Great Again）と訴えたドナルド・トランプ米国大統領である。2016年の選挙当時、「客観（中立）報道」（本書の概念である「全体性」に包含される）の名で対立候補をも取りあげるマスメディアを嫌い、テレビ討論会への出演を拒否し、当選後は繰り返しTV局に悪態をついた。その一方で、ネットを利用するSNSやブログを好み、ツイッター（現X）で「フェイクニュース」を織り交ぜながら、彼の支持者がすべて、もしくは大部分を占めるフォロワーに自らの意見を主張し続けた。地域経済統合であるTPP協定（環太平洋パートナーシップ協定）や地球温暖化対策の国際的取り決めであるパリ協定から離脱し、外国製品や移民を排斥した。

　ポピュリズムは、全体性（均質性＝量的平等性）について、マス・コミュニケーション体制がつくり出した幻想だとして忌み嫌う。マス・コミュニケーション体制はすでにインターナショナル・エリートや「普遍的価値」を再生産する仕組みに堕し

ているとして批判する。そうして大衆民主主義を体現する「議会内」（代議制度の内側）勢力のマスメディアではなく、ネット上の言論活動に傾注する。ネット言論に加え、「議会外」（代議制度の外側）の街頭デモ、国民投票などの直接民主主義を志向する。「全体の奉仕者」を選ぶとする選挙制度（代議制度）や一般意思を決めるとする多数決は、もはや虚構だとして拒否し、個々人の内面に直接に訴えかけ個別的な支持を拡げようとする。全体性や「公共性」の概念をあらかじめ放擲（ほうてき）しているという意味で「反・民主主義」である。これは国民という全体性の「分断」につながる。トランプ氏がSNSでの情報発信を好んだのは、20世紀的な大衆民主主義が前提とする「国民」という全体性を虚構として排除したかったからと言える。彼が欲したのは——投票時のみ「支援者」となる有権者ではなく——つねに自らの意見に耳を傾けるフォロワー（運命を共にする同志）であり、彼が遂行しようとしたのは——彼を支持しない人々を含む「国民」ではなく——そのフォロワーに的を絞った政策だったと言える。フォロワーこそ「真の国民」なのである。

　トランプ米大統領だけでなく、欧州の極右勢力も移民排斥を唱導する。民主主義発祥の地を誇る英国は「自国第一主義」の下、地域統合であるEUから離脱した。

　ポピュリズム（右派ポピュリズム）は、社会主義の後継思想である原理主義の対極にある。原理主義は左派ポピュリズムとも呼ばれるが、左派ポピュリズムは外的規範である教義への忠誠を通じて平等性の回復を目指す（「教義の下の平等」）。これに対し右派ポピュリズムは、深い内面的つながりという意味での同志的一体性を求める。偉大な国家の再建という目標の点では前身のファシズムに似るが、ファシズムと異なり、個人の自由選択を尊重する。自由選択に基づく強い関係形成の結果、関

係を結ばない非フォロワーとの間に「分断」が生じるのは自然であり、多数決による決定を「国民の総意」(一般意思)とすることこそ非民主的と考える。このような意味で、ポピュリズムの指導者は新興宗教の教祖に似る。その支持者は客観的な教義というより、教祖という具体的な人間を支持する。

トランプ氏はいみじくも、反ファシズム運動を展開する「アンティファ」(anti-fascistの略称)を「左翼の無政府主義者」やテロリストと呼んで非難した。全体主義(ファシズム)を源流に持つ現代ポピュリストとして、アンティファを手強い政敵と直感したに違いない。アンティファはトランプ氏の大統領就任後の2017年8月、ヴァージニア州シャーロッツヴィルで開催された極右集会に抗議する「カウンター」行動によりその名前が知れわたった。反人種差別主義、反白人優越主義、反性差別主義などを掲げ、KKK(クー・クラックス・クラン)やネオナチに対抗する。トランプ氏の様々な政策についても国粋主義、反移民、反ムスリム的として強く反対する。一方、反政府主義かつ反資本主義であるため、その思想は原理主義とも言える主流左派よりも、無政府主義に近いともみなされる。反政府主義とは反ポピュリズムに、反資本主義は反インターナショナル・エリティズムに通じる。実際、アンティファについて、本書の概念で言い換えれば、回帰・反復する教義を持たないので、原理主義者というより、無政府主義を前身とするネットワーキストと呼ぶのがふさわしいかもしれない。

3 ネットワーキズム

≪社会・個人≫の象限にある。前身は無政府主義(アナキズム)である。繋衆社会化により社会と国民国家の間に生まれた

隙間を好機と捉え、隙間をさらに拡げようとする。原理主義においても同様のベクトルが働く。大衆社会は国民国家へと統合され「大衆国家」を建設したが、繋衆社会においては「繋衆国家」は形容矛盾でしかない。

この対極にあるのがインターナショナル・エリティズムである。それが国力増強を目指しFTAのような越境的な制度設計や国家統合に意欲的であるのに対し、ネットワーキズムは個々人が価値を見出すライフスタイル（local）に執着する。その点で繋衆（もしくは繋衆を構成する「知人」）、繋衆社会と最も親和性が高い。インターナショナル・エリティズムやポピュリズムと異なり、もはや≪国家≫に執着しないがゆえに越境的性格を宿すと言える。歴史的、法制的に「同一の国民」や「同一の民族」であっても国民の価値観は多元化し、自国民よりむしろ他国民、他民族の価値観に共感し国境をまたいで協業する事態も珍しくない。自らの生活圏（local）において、有機農法や環境保護等に黙々と取り組むライフスタイルなどが具体事例である。それらの人々を「グローカル・シチズン」（glocal citizens）とでも呼称できようか。個人（〈知人〉）がつながるので、インターナショナル・エリティズムともポピュリズムとも異なり、国家や国民のリーダーとされる〈1対多〉関係における〈1〉（職業政治家、財界人・企業家、「識者」等）が介在する余地はない。それ自身において秩序を形成・維持する潜在性を持つ点で無政府主義と相性がよく、その有り様は国家にとって脅威となりうる。

4　原理主義

≪社会・組織≫の象限にある。繋衆社会化により社会と国民

第5章 繋衆社会の政治・経済思想

国家の間に生じた隙間は追い風であり、その隙間を組織的に利用し国民国家の限界を乗り越えようとする。その手段としてテロリズムも辞さない。

「左派ポピュリズム」とも呼ばれ、しばしば「極左」とも呼称される。前身は社会主義である。該当するのは中国やロシアと言えようか。国民主権に基づく国家権力を認めないが、いずれも組織とその結社の目的である宗教的教義(例えば一神教のキリスト教、ユダヤ教、イスラム教の教え)、そうでなければもはや一種の信仰とも言える政治的イデオロギー(マルクス・レーニン主義、毛沢東思想、習近平思想等)への忠誠を通じて全体性を確保し、そのうえで組織化(ヒエラルキー)を通じて社会秩序を形成・維持しようとする。全体性に執着する点でこちらも一つの反動思想と言える。組織そのものは越境的で海外組織とも連携するが(宗教団体や社会主義・共産主義の海外連携)、それは国際化と呼ぶべきもので、個人的思想や価値多元化を容認する程度を厳格に定める点で反グローバリズムである。

米、英、仏、日本等の「インターナショナル・エリティズム」に対しては、民主主義制度の改良や経済成長を通じて全体性の回復を目指す点では評価するものの、「国際競争力強化」などの名で国が先導して一部の多国籍企業とエリートを利し、その結果としてむしろ国民を分断しているので、欺瞞的、偽善的として糾弾する。また、自由や人権などの抽象的価値観をグローバリズムの文脈において「普遍的価値」などと「曲解」して外交利用し、結果としてエリートや一部企業を利することにも同様に反発する。これはグローバリズムへの反感と国民国家の人工性、換言すればベネディクト・アンダーソン(Anderson, Benedict Richard O'Gorman. 1936〜2015)の概念を借りれば、国民国家が「想像の共同体」(Imagined Communities)である

がゆえの恣意性や脆弱性を嫌悪することの反映とも言える（アンダーソン, 1987, p.288）。他方、対外的な影響力を強めようとする点では、インターナショナル・エリティズムに似る。これは国民国家を単位とする外交をほとんど捨象する前身の社会主義の時代状況と比べ、グローバル化が進展するなかで「国家」や「国境」の観念がさらに希薄化しているためと解すことができる。中国は「領土保全」を最優先課題の一つに掲げ2010年代以降、明らかな拡張主義に走るが、これは「主権の死守」（しばしば「核心的利益」と位置づける）というより、むしろ国民国家や国境の観念が一段と乏しくなっていることの表れと考えられる。「帝国」化と呼ぶこともできよう。

　そのような思想の別の一例がイスラム原理主義である。教義自体はテロリズムと無関係で一つの社会秩序の回復原理だが、グローバリズムが進展するなかで全体性を自壊させるインターナショナル・エリティズムと化した米・英・仏・日等への反発を強め、「聖戦」を挑む。その具体的な攻撃対象は国家に関連づけられる政府（要人、政府関連施設等）や特定の民族、宗教というより、社会全般である。従って、攻撃形態に関して、事前には特定不可能な無数の一般市民を標的とする無差別テロがしばしば採用される。真の攻撃対象はグローバリズムそのものだからである。

　第三象限の「ネットワーキズム」に対しては、その価値多元性と「野放図な開放性」を非道徳的として嫌う。原理主義が反グローバリストとして、かつての大衆民主主義が有した全体性（平等性）の回復に執着するためである。その意味で、原理主義は越境的な「宗教帝国」の建設思想とも言える。

　第二象限の「ポピュリズム」（右派ポピュリズム）について、原理主義（左派ポピュリズム）とは対極の位置にある。原理主

義にとって、≪個人≫の極にあるポピュリズムはネットワーキズムと同じく、結社目的やその目的達成のための行動準則を持たない、無秩序を肯定する非道徳的な思想と了解される。また、ポピュリズムが国家・国民という人工的に差別化された閉鎖体系に固執する点でも、それを非倫理的な思想と理解する。

　ロシアのプーチン大統領は、ウクライナ侵攻に関して、米欧がロシアの国境付近で脅威を作り出したので先制攻撃に踏み切らざるを得なかったと主張し、ウクライナのゼレンスキー政権を「ネオナチ」と呼んだ。前述の通り、米国で反極右、反ファシズム運動を展開し、その思想について無政府主義と捉える向きも多いアンティファ（anti-fascist）は、トランプ大統領を激しく攻撃した。≪社会≫の極にある原理主義（プーチンのロシア）やネットワーキズム（無政府主義のアンティファ）にとって、≪国家≫の極にあるインターナショナル・エリティズム（米・欧・日等）やポピュリズム（トランプの米国）のような思想は、繋衆社会を迎えつつ今日、全体主義（ファシズム）に映るのである。ただし、プーチン氏にとって、トランプ氏のようなポピュリズムはそれが一国主義である以上、ことさらに声を荒らげる相手ではないと考えるに違いない。原理主義にとって最大の政敵は、民主や人権こそが「普遍的価値」などと称して、原理主義の拡張主義を非難するインターナショナル・エリティズムである。

終 章

　これまでの議論をまとめてみる。

　ある時代に特徴的な集合的な人間像を表す概念である「市民」や「大衆」さらに「分衆」が構成する社会について、コミュニケーションの送り手と受け手の別に従い類型化した〈多対多〉、〈1対1〉、〈1対多〉、〈多対1〉に対応させつつ、検討した。すなわち、あらゆる人間関係、そして社会の基盤を形成する〈1対1〉を別にすれば、大衆社会は〈1対多〉に、分衆社会は〈多対1〉に、仮説的な社会モデルである市民社会は〈多対多〉に対応させることができる。また、「大衆」などと同次元の概念として「繋衆」を提示し、そうした繋衆が21世紀に入る頃から大衆に代わり誕生しつつあるのではないか、との問題意識の下で考察を進めた。そうした人間像の変容に注目するのは、政治・経済体制を規定するのは社会であるというもう一つの根源的な問題意識を持つからである。

　われわれが知る民主主義制度は、議員を選挙で選び、彼／彼女らが議会で多数決により決を採り、採択された議案を市民・国民の意思として実行に移す間接民主主義（代議制民主主義）である。間接民主主義が採用されているのは、市民・国民は考え方や感じ方に本質的な違いのない大衆だと考えられているからである。逆に、大衆という集合的人間像が明確でなくなれば、間接民主主義制度の有効性は失せる、と考えることができる。また、経済政策では1970年代頃まで所得再分配政策がうまく機

能し、国民の間の経済格差は比較的小幅なものにとどまった。日本では皆保険制度を基礎とする社会保障体制が安定維持された。これも「平等性」をイデオロギーとする大衆社会が堅固に成立していたからである。ならば、繋衆社会はどのような政治・経済体制を生み出すのだろうか？ それについてはインターナショナル・エリティズム、ポピュリズム、ネットワーキズム、原理主義の四つを指摘した。

大衆社会を〈1対多〉に対応させた考え方にならえば、繋衆社会は〈1対1＋〉で表すことができる。特定の時空（その場その時）に制約される〈1対1〉と異なり、〈＋〉はコミュニケーションの相手として特定の「1」以上を想定し（複数性）、また受信のタイミングを特定することもない（時間）、「開放的な〈1対1〉」を意味する。すなわち、「1」は別の「1」に情報を発するが、〈1対1＋〉においては、〈1対1〉で完結しない。〈1対1＋〉は未特定多数（未特定少数）へと拡がる可能性をもつネットワークである。その点で、これまで〈多対多〉は市民社会という仮説の社会モデルでしかなかったが、繋衆社会の生成によってついに実現しつつある、と言うこともできる。なお、改めて強調すれば、繋衆はインターネットという技術が生み出したわけではない。繋衆という集合的な人間像の出現、そして繋衆社会の形成がインターネットを生み、その技術を急速に普及させたと考えるべきである。

ネットワークにおいては個々の人間の問題意識や趣味、嗜好、キャラ等に基づいて人間が結びつくので、ある時点を輪切りにすれば社会は「分断」されているように見える。また、それをフィルターバブルやエコーチェンバー、サイバー・カスケード（cyber cascade）、タコツボ的関係などとマイナス評価する意見は少なくない。そうした「分断」性は、均質性（平等イデオ

ロギー)を前提とする大衆社会、その大衆社会を基礎に成立する国民国家と相いれない。そのロジックは間接民主主義や所得再分配機能が機能しにくくなるのと同様である。逆に見れば、繋衆社会は、秩序形成・維持を図るべく、つねに「全体性」を意識する大衆社会に不可欠な権力(〈1対多〉の〈1〉)を寄せ付けない、自立性・自律性を持つ。

　大衆社会の変容に危機感を持つ論者も存在する。津田らは「ソーシャルメディア時代の大衆社会」を論じる(津田他, 2024, p.302)。主題は大衆こそ民主主義の主体であり、国民だというほとんど定説を踏まえた大衆と大衆社会の「救済」である。しかし本書の考えは後半部分が異なる。大衆不在でも民主主義は成り立つ。特に直接民主主義(代議士を選ばない民主主義の意で、示威行動を含む)の可能性はポピュリズムや(国民の)分断論と併せてより活発に議論されてよい。また、マスメディアはやがてその大部分がオンデマンド型のニューメディアやSNSに取って代わられるかもしれないが、マス・コミュニケーションが消滅することはない。マスメディアも、国家が存続する限り、少なくとも全土を対象とする公共放送は国民＝大衆を再生産し続けるだろう。大衆を「救済」する必要があるか疑問である。

　繋衆社会については、〈知人〉のみから構成される「知人社会」とも換言できる。〈知人〉とは大衆社会を構成する〈友人〉とも〈他人〉とも異なる人間群像を指す。〈友人〉と〈他人〉は、均質的な他者世界での距離感や関係の質に基づいてその違いがつくられるが、〈知人〉は相互の距離感や関係の質に違いがない。等距離関係にあるがゆえに〈知人〉はヒエラルキーではなく、未特定多数(未特定少数)のネットワークを形成できる。繋衆社会は〈知人〉を結節点とするネットワークであ

る。

　以下、繋衆社会に関連して残されていると考える問題を覚え書き程度に記す。それは結果として、先の四分類の一つ、繋衆社会と最も親和的と考えられるネットワーキズムの将来展望を素描することにもなる。

1　「市民社会モデル」の再考

　まず市民社会についてもう一度考えたい。先に市民社会を経済学の完全市場の成立条件を援用して説明したが、実はそうしたロジックは、社会に関する論考とは無関係のように見える別の概念の説明にも用いられている。それは例えば、集合知、ネットワーク、レジリエンス、生物多様性等である。それら概念が注目されるのは、インターネットの登場に見られる通り、〈1対多〉に代わり、〈1対1〉というコミュニケーションの形式に改めて焦点が当たっているためと言える。ただし、〈1対1〉は──1～3次元の世界では──決して〈多対多〉に合成できない。その問題が高失業等の「社会問題」として最初に顕在化したのは、欧米日等で大衆社会が全面開花した1920～30年代である。問題を解決すべく、マスメディアの発達、大企業体制の発展、ひいては全体主義の台頭など、人間社会は〈1対多〉のマス・コミュニケーション体制に依存することになった。これに対し、〈1対多〉に依存することなく〈1対1〉を〈多対多〉へ合成する、正確には合成できるように感じさせ、社会内の摩擦をなくすか低減するには、時間を考慮する4次元世界、つまり〈1対1＋〉でしか有り得ないというのが本書の一つの結論だった（図表11）。

　集合知、ネットワーク、レジリエンス、生物多様性等も、よ

図表11：コミュニケーションの形態と社会の類型［B］

送り手／受け手	1	多
1	〈1対1〉 インターパーソナル・コミュニケーション	〈1対多〉 大衆社会 マス・コミュニケーション （マスメディア）
多	〈多対1〉 分衆社会 マス・コミュニケーション （ニューメディア）	〈1対1＋〉 繋衆社会 ネットワーク・コミュニケーション

注）矢印は「＋」（時間と複数性）を表す
出所）筆者作成

く吟味するとそのロジックは、〈1対1〉は〈多対多〉に合成できるとの前提に立つ。それは仮設の市民社会モデル、もしくは完全社会モデルである。繰り返せば、〈多対多〉はそれ自身では成立し得ないので、〈1対1〉に分割されるほかないが、〈多〉を構成するすべての〈1〉が自力で〈1対1〉への完全分割を成し遂げるのは不可能である。これに対し、完全分割が可能として仮設された社会〈多対多〉が市民社会である。つまり、市民社会では、相互に齟齬を来さない〈1対1〉の組み合わせを〈多〉の全部において漏れなく瞬時に実現する。そのような市民社会のロジックで、なぜ集合知、ネットワーク、レジリエンス、生物多様性等が説明されるのか。以下、それら概念について簡単に説明する。

　［集合知］集合知（collective intelligence）。集合知とは、一人や少数の専門家の意見・知識よりも多数の素人の意見・知識の方が往々にして「正しい」という事態を言う（西垣, 2013,

p.220, 西垣, 2014, p.286)。2004年にティム・オライリー (Tim O'Reilly) 氏らが提唱したWebの新しい活用スタイルを示す概念であるWeb 2.0（ウェブ第二世代）が脚光を浴びるなかで注目された。そのポイントはユーザー参加である。言葉を換えれば、〈1対多〉の〈1〉を構成する専門家が持つ「科学的」で「専門的」な知識や代表者が多数決で決める意見と、素人の集まりである〈多〉の構成者が主体的に情報を発信し、形づくられる知識や集約される意見は、結果として大差がない。それどころか価値判断を伴う場合は、後者の方がより「真理」や「真実」にふさわしい場合すらある（例えば、津波対策として、高さ数メートルの堤防を建設すべきと専門家［工学等］が提言しても、町民は将来のいつか現実化するかもしれない災害リスクを承知のうえで、日々の平穏で健康的な生活を続けるには、「将来のいつか」より「今の」景観の維持の方が重要というもう一つの科学的知見［心理学、医学等］に基づいて反対する場合）。

ただし、そのような集合知が成立するには条件がある。独立的に、そして経験的に思考できる人間ができるだけ多く存在し、彼らが協調して意見・情報の表明ができ、そのような場・プラットフォーム（例えば大集会場やインターネットの掲示板等）が用意されていることである。以下に述べる通り、これらの条件はネットワークや完全市場の成立要件と同様であり、マスメディアが送達する「科学的」で「客観的」で、「絶対的に誤謬のない情報」への接触に公衆像を見たG・タルドの考えとも重なる。

もともと最低限必要と考えられている公認の教育（一般に「義務教育」と呼ばれる）を受け、またマスメディアに接する人間が持つ情報は、人間が社会的動物である以上、一定の客観

性と科学性を有し、極端に傾く情報はほとんどない。つまり、一定度の教育が行き渡った社会に暮らすすべての人間の知識・情報はそもそも似たり寄ったりである。似たり寄ったりの情報・知識は社会的にはおおむね「真実」か「真実に近い」、つまり「常識的」と評価される。標本の数が少なければ突飛な意見が反映される可能性があるが、非常に多ければ極端な意見は周縁化され、「平均的／中央値的」な情報、つまり「真理」へと濃縮される。例えば、「1」と「9」の単純平均は「5」だが、「4」と「6」の単純平均も「5」である。数学的には同じだが、その数値に至るプロセスが違えば、その数値の社会的意味・意義は異なる。ある程度の教育を受けた人間のみから構成される集団を想定すれば、その構成人数が多ければ多いほど、「1」や「9」を提示する人間は少なくなる一方で、「4」や「6」を指摘する人間が増え、結果として「5」に近い数字（「4」と「6」）を基に平均値（つまり「真理」）が決まる。周縁化される人間の数が減る点で、それはより「民主的な回答」であり、社会的により好ましい、というロジックが成り立つ。

　しかし、この集合知の考え方は、実は市民社会モデルではない。むしろマスメディア、公教育、プラットフォームの創設・提供者等の〈1〉に依存する点で〈1対多〉の大衆社会モデルである。ただし、今日の社会において「ユーザー参加」の形で直接民主主義の実現可能性を提示した点で、繫衆社会の意思決定や安定的な秩序形成に関して一定のヒントを示すものとは言える。

　［ネットワーク］安定的で頑強なネットワークの形成条件は、自律（autonomous）・分散（distributed）・協調（cooperative）の三要素とされる。全体を統括する中心的な主体（本論の概念では〈1〉）を持たず、各要素が分散し、自律的に振る舞い、

それでいて全体として協調的である。

[**完全市場**] 既述の通り、完全市場は無限に拡張・伸縮可能な開放体系でのみ成立する。〈多対多〉はほぼ瞬時に〈1対1〉に完全分割され、その均衡プロセスは止まることがない。瞬時にあらゆる情報が市場参加者全員に共有され、同じ意味で解釈され、最適解としての価格が決まり、その価格が瞬時に市場参加者に共有されなければならない。時間的格差があれば完全市場とは言えない。市場参加者は十分に自律的で（同じ情報を瞬時に取得し、瞬時に自由に、しかし同意味に解釈する）、十分に分散し（偏在すれば情報取得のタイミングに差が出たり、「自由な解釈」が妨げられたりして、解釈に歪みが生じかねない）、十分に協調する（〈1対1〉のマッチングが、全体が〈1対1〉に完全分割されるまで瞬時に滞りなく行われる）。そうでなければ、価格にひずみが生じる。もちろん、このような完全市場（市民社会モデル）は実在せず、仮設物にすぎない。少なくとも20世紀以降の現実の市場は不完全性が前提とされ、上述の言葉を用いれば「全体を統括する中心的な主体」、本論の概念では〈1〉としての大企業のベンチマーク（基準）性や政府の積極的な市場介入が不可欠とされる。

[**レジリエンス**] 英語のレジリエンス（resilience）は「耐久性」や「抵抗力」、「復元力」、「弾力性」、「再起性」などと訳されるが、枝廣淳子によれば「しなやかな強さ」とでも呼ぶのがふさわしいとし、「外的な衝撃に耐え、それ自身の機能や構造を失わない力」と説明する。21世紀に入り、自然環境、組織や社会、国家の力の源泉として注目され始めた。枝廣は生態系に関する論考を参照しつつレジリエンスの成立条件を挙げる。「多様性」（すべてを一つに委ねると脆弱）、「モジュール性」（緊急時に備え、全体を分割し、一部はスタンドアロンで機能

できるようにする）、「緊密なフィードバック」（状況の変化やその兆しを迅速に必要なところに伝達）である（枝廣, 2015, p.20）。

　[**生物多様性**]「生物多様性」の言葉の初出は1968年と言われるが、社会的問題として位置づけられたのは1980年代と比較的新しい。1992年にリオデジャネイロで開かれた国連環境開発会議（地球サミット）で「生物の多様性に関する条約」（生物多様性条約＝CBD）が締結され、翌1993年末に発効し、21世紀に人類が取り組むべき最重要課題の一つとされた。「生物多様性」の定義はあいまいであり、「一種のキャッチフレーズ」にとどまるが、遺伝子、個体群、種、生息・生育場所、生態系、景観、生態的プロセス等の「多様性」を含む。このうち遺伝的多様性と種多様性は少なくとも次の三つの理由で生態系を安定化させると考えられている。すなわち、①特定の機能を担う主要な経路に変わりうる別の経路が存在できるようになり、②外来種の侵入に対する生態系の抵抗性が増し、③病気の蔓延によって特定種が担う機能低下を防ぐ、である（鷲谷, 2001, pp.32-33）。例えば、単一種の人工林では害虫の大発生等が起こりやすいが、多様な植生が保持されていれば生態系の安定化につながる。同種でも遺伝子が異なれば、全滅を回避できる。動植物は一カ所に集中すれば全滅のリスクが高じるので、分散性と多様性を確保できれば、生態系の存続や復元可能性が高まる。つまり、生物多様性とは、均質化のうえでの大量性ではなく、異質性を十分に確保したうえでの相互扶助体系である。この議論は、自然の摂理という〈1〉は想定できても、人為的な〈1〉を想定し得ない点で、恐らく例外的である。自然界こそ市民社会モデルの実現例だということもできる。

　実際、「自然状態」、「原始人」、「未開人」という独特の概念

にみられるように、西欧啓蒙思想家は自然（ネーチャー）的存在として人間を捉え、そのうえで自然との類推で社会・国家の調和性もしくは不調和性を議論した。特に英国での産業革命の影響がなお社会全体を覆うには至らなかった18世紀後半、アダム・スミスは自然調和する経済（市場）的存在として社会を捉えたが、そうした予定調和の発想それ自体が自然（ネーチャー）との類推だった。それが「ポリティカル・エコノミー」の原義だった。「元祖ポリティカル・エコノミーが捉えた（スミスの…引用者注）経済主体はより深い人間理解に基づいており、より複雑かつ内容豊かなものであった。社会科学としての経済学と自然科学としての経済学との分岐点は、こうした区別をあえてするのであれば、数学的手法の利用以前にこのような人間の扱いの違いにあるといえよう」「（スミスの）人間観をよそにその後のより科学的な装いをした経済学では自然思想の浸透がないまま『自然』という用語だけが、ただ独り歩きしていく」ことになった（喜治, 2013）。

　以上は、いずれも〈1対多〉で表せる代表的なマス・コミュニケーションのモデル、つまり情報の流れの「直線・垂直（ピラミッド型）モデル」、もしくは大衆社会が脆弱である理由、そうした脆弱性を矯正する手段を〈多対多〉のネットワークモデル、もしくは市民社会モデルを用いて論じたものと言える。

　ある組織や社会、国家の指揮命令系統や通信システム等が直線的であれば、1か所でも破壊されれば、その組織や社会、国家全体は瓦解する。直線的でなく、一極集中型のピラミッド状であっても、上部のつながりの数がより少なく、しかも指揮命令権を持つ人間が上位にくるので、より少ない数の不具合で全体が瓦解するリスクが高い。しかし、いくつもの迂回路（サブ・ネットワーク）を持つネットワークであれば、ある1か所

が破損したとしても、代替経路が機能し、その全体系は容易には崩壊しない。そしてネットワークを構成する結節点が多ければ多いほど迂回路の密度が高まり、そのネットワークはより強靭化する。これらの知見は、問題発生時の問題箇所、その程度等を迅速に全体に共有する体制を構築するうえでも有効である。さらに、結節点がより質的に多様な状態でつながりを形成する方が、不具合や損壊の悪影響が局所化するので、好ましい。

市民社会モデルによって大衆社会を評価するアプローチは社会・人文科学ではかなり古典的かつ常套的な手法である。というのも、市民社会モデルはそもそも完全社会モデルとして仮設されているからである。しかし、人間社会ではそうした完全社会モデルは実在し得ない。なぜなら誰かがそのような完全社会を構築し、そして保修に当たらなければならないからである。それは政治家だろうか？ 行政官だろうか？ 民間企業だろうか？ 換言すれば、当該社会の外部から知恵を導入しなければならないが、それは〈1〉を社会内部に導き入れ脆弱な〈1対多〉（大衆社会モデル）を自ら構築する自己撞着的な行為ではないだろうか？ また、仮に完全社会を構築できたとしても、構築後は人間の介在を完全にシャットアウトするシステム（社会）であれば、そうでなくてもわずかでも介在不可能な余地を残すシステムであれば、それは人間社会を滅ぼしかねない悪魔のシステムではないだろうか？ アダム・スミスが「神の手」として言及した「価格メカニズム」は、実は——不特定のきわめて多数が取引に参加し、特定の価格決定者は存在しないという意味では神の仕業だが——人間の需給活動によって価格が頻繁に変化する「人間の手」と言うべきなのである。他方、もし外部から人間（〈1〉）が容易に進入し、手を加えることが可能なシステムだとすれば、そうした余地がある分、そのシステム

は強靭とは言えず、むしろ決定的に脆弱なのではないだろうか？　機能するレジリエントな市民社会（完全社会）をつくることができるのは、天賦の秩序形成能力を持つ、人間を除く動植物界や原生的自然界しかないのである（特定種の自然淘汰や絶滅を含む）。実際、先に述べた「レジリエンス」の議論を思い起こせば、それは構成部分の多様性やシステムの複層性に言及しているように見えるが、一部を破損しても自力で復元できるイモリやトカゲが備える自己再生能力を評価しているのは明らかである。つまり、レジリエントなシステムは当該システム内部で内生的に構築可能だとして議論しているのである。

　人間社会が同様の強靭性を持つのは恐らく、その人間社会が全知全能・不老不死の「スーパー市民」（スーパー聖徳太子）のみで構成され、しかも彼らの全知全能性はあらゆる状況でも決して衰えない場合のみである。すなわち、「スーパー市民」がありとあらゆる条件変化に対して同時的・同一的な情報取得・解釈・送達によって対応し、いわゆる「ヒューマンエラー」を完全に（つまりある社会全体のあらゆる時空で）排除できる。そうでなければ、一部の「スーパー市民」が毀損した場合、別の同等の「スーパー市民」が即座に取って代わる。全部の「スーパー市民」が瞬時に崩壊したとしても、同等・同数の「スーパー市民」によって瞬時に同様のシステムを構築できる。

　市民社会モデルによる大衆社会の批評は、大衆社会の「入口」（およそ1880～1910年代）と「出口」（1970～80年代）において活発化した。「入口」においてはル・ボン等の大衆批判があり、「出口」においては大企業批判、大量生産・大量消費体制批判等が存在する。「戦争責任」が問われた日本では戦後において「ファシズムをもたらした大衆社会」が市民社会モデルによって批判されたが、市民社会は仮設モデルなので、大衆社会

に取って代わることはできない。大衆社会は、市民社会モデルの〈多対多〉ではなく、「より完全な〈1対多〉」によって、つまり「より完全な大衆社会」によって、具体的には「より優れたマスメディア、より優れた政治家・官僚・知識人等」によって、その不完全性を補完され、たとえそれらがファシズムと15年戦争（1931～45年）の首謀者だったにせよ、完全化を目指すほかなかった。

　近年、集合知、ネットワーク、レジリエンス、生物多様性、完全市場等のような「市民社会モデル」が注目されるのは、現在が繋衆社会の「入口」に当たるためと考えられる。繋衆社会はしかし、市民社会モデルによってネガティブに評価されているわけではない。恐らくそれは、繋衆社会はそれ自身において市民社会モデルを実現できるとの希望を抱かせるからである。本書で述べた通り、〈1対1＋〉で表現できる繋衆社会は、時間軸を考慮すれば〈多対多〉（市民社会モデル）の実現不可能性を排除できるのである。

　言うまでもなく、市民社会モデルの実現への道程は繋衆社会においてもきわめて険しい。市民社会モデルは、近現代の科学的思惟において理論的な出発点であり、その実現は現実世界のはるかなる目標、もしくは理想ではあっても、完全には実現困難なのである。しかし実現困難、つまり不完全ゆえに恐らく、人間社会の自由さと寛容さが——自由さとは間違いを犯す、誤解するなどの形で現れ、寛容さとは時間の経過のなかでその間違いが正され、また誤解が解ける——保たれているのである。その点で、時間（の経過）を成立条件とする繋衆社会は、できるだけ早く（〈1〉が決めた）正解を出すことを求められる大衆社会より、はるかに自由な社会と言うことができる。

2 「時間」の再考

　これまで述べてきた通り、人間コミュニケーションの歴史的ダイナミズムは、「プロ」（玄人）から「アマ」（素人）へ、という情報送達の主体の変容と言える。換言すれば、〈1対多〉における〈1〉と〈多〉のせめぎあいが人間コミュニケーションの歴史を動かしてきた。コミュニケーションの素人と位置づけられる人々が情報発言と情報解釈の機会を奪取し、相互に知識を共有・拡大することで、より知識水準が高い（と考えられる）社会が建設される。このプロセスはおよそ近代化や民主化と呼ばれる。しかし、そのような近代化や民主化をもってしても真の意味での〈多対多〉の完璧な実現は困難であり、安定した民主社会の構築には権力樹立、つまり〈1対多〉による補完が必要だった。「市民社会モデル」の実現が難しいのは、当該社会のすべての構成員が同質の「スーパー市民」ではないからである。いや何より、「スーパー市民」それ自体が実在不可能な仮説の存在だからである。良くも悪くも、大規模化した社会の安定維持には、そうした不完全性を補完する情報・知識を「大量・同時的」に送達できる政治力（宗教の成立に不可欠な「異人」を含む）と資本力（〈1〉）を必要としたのである。ところが1970年代頃から〈1対多〉、すなわち大衆社会は揺らぎを見せ始め、改めて〈多対多〉をどう実現するかの課題が浮上した。その一つの回答が、〈多対1〉（ニューメディア）を経て、生成しつつある〈1対1＋〉の繋衆社会である。大衆社会では情報創造・送達の「消費者」とされた「素人」が、可能的に複数の情報の受容者を想定しつつ自ら情報を創造・送達するのが繋衆社会の最大の特徴である。

　〈多対多〉を想像的に実現すべく〈1対多〉（マス・コミュ

ニケーション）を介在させるのが大衆社会だが、繋衆社会はそれを別の思慮によって可能とする。正確には実現の夢を見ることができる。その思慮とは時間である。〈1対多〉のような「より多数に、より早く、より正確に」ではなく、時間に頓着しない、というアプローチによってである。1〜3次元の世界では〈1対1〉は決して〈多対多〉に合成できないが、〈1対1＋〉であれば〈多対多〉の実現可能性を排除できない、もしくは実現不可能性を排除できる。〈1対1＋〉は無限の時間、もしくは「他者に無理強いはしない」という一種の「ディス・コミュニケーション」（コミュニケーション不能）を考慮するからである。その時間は自らの死後をも含む。容易に想像できるように、そうした社会はきわめてのんきな、もしくはのんき過ぎる社会である。効率（付加価値／時間）がすべての「生産性向上」や「経済高成長」など目標にもならない。

　〈1対1＋〉は、とりあえず相手を特定することはあっても、決してその〈1〉では完結しない未特定少数（未特定多数）の拡がりを持つ。ある時点ではメッセージの「受け手」のように見えても、その〈1〉は可能的には「送り手」でもあり、その「受け手＝送り手」関係は限りなく拡がる。〈＋〉はこの時空の拡大可能性もしくは可能的な複数性を表す。コミュニケーションの形式上はネットワークを想定するが、ネットワークの理論は通常、人間のつながりを与件とする3次元の考察である。それに対し、繋衆社会ではネットワークの形成そのものを問う。時間軸を加えた4次元の議論であり、当面はネットワークが形成されない可能性も排除しない。結末は時間の経過に任される。他方、〈1対1〉や〈1対多〉、〈多対1〉は、ともあれ送り手→受け手という情報送達の主体・客体関係、そしてコミュニケーションの目的が明確である。従って、事前に相手の素性・特

終 章

性や数が（大体であっても）特定可能であり、情報送達の達成時点でコミュニケーションはひとまず完了する。ここでは時空の拡がり（〈＋〉）はあらかじめ捨象される。

人それぞれに異なる拡大可能性をはらむ時空は、均質性を前提とする大衆社会の文脈では「格差」や「分断」とネガティブに解釈される。しかし繫衆社会ではその状況を「多様性」とポジティブに捉える。そのうえで各個人（知人）が相互に異質、つまり多様であればあるほど、つながる可能性が高まると考える。

これは「フォロワー」や「いいね」の数の問題ではない。数量を競うのは大衆社会の——あえてこの言葉を使えば——悪弊である。数を争うのは視聴率や発行部数、試験の獲得点数や選挙の獲得票数等の競争と同じである。繫衆社会で重要なのは当該人物の独創性やキャラに対する好奇心である。好奇心あふれるフォロワーが形成するいくつものつながり、つまり異質性や多様性に満ちた「分断」的なネットワークは、その結節点を構成する人々が「唯一性」（Only one）を有し、そうした「個人情報」や「プライバシー」を一定度顕示する、もしくは実像と異なっていたとしても、唯一性を具備する自身のキャラを造形し提示する。そのように多種多様な選択肢が示されたうえで他者のリアクションを待つ。そうした結節点を構成するのが「知人」であり、全体として繫衆と呼ばれる。「一番」（No.1）を目標として序列上位を目指す人々は大衆であり、ネットワークを構成するのではなく、単に同質性ゆえに成立する錐形（三角錐・円錐）のどこかに位置するだけである。そのヒエラルキーの上位者は権力者やエリート、リーダー、「識者」等と呼ばれ、情報はおおむねその上位者である〈１〉から下位者である〈多〉に一方的に流れる。それはマス・コミュニケーションと

呼ばれる。

　繋衆化の背景にあるのは、一方では〈他人〉の〈友人〉化である。ただし、それがかつてのような〈友人〉だと「誤解」して過度にプライバシーや真意、本音等を明かしたり、それらについて質問したりすると「うざいやつ」と、逆に排除の力学（いじめ）が働く。かつての〈友人〉はすでに〈他人〉化しているからである。これらは既述の通りである。未特定少数（未特定多数）が〈知人〉としてつながる繋衆社会では、人間関係は等距離またはフラットである。そうでないと感知されたならば、そうでなければならないと人々は奮闘する。SNSの興隆、上述のような涙ぐましいほどのキャラの造形やそうしたキャラの駆使、絵文字・顔文字の活用例等をみればそれは明らかである。リアリティ番組の興隆も一つの傍証と言える。繰り返せば、繋衆（〈知人〉）は「個独」で「みんなぼっち」だが、〈友人〉か〈他人〉かの二者択一を迫られる大衆のようには「孤独」でないのである。

3　フィルターバブル

　このような結びつきについて、フィルターバブルやエコーチェンバー、サイバー・カスケード、タコツボ的関係などとインターネット社会の弊害として否定的に評価する向きは少なくない。

　カス・サンスティーン（1954〜）は2001年、ニコラス・ネグロポンテ（Negroponte, Nicholas, 1943〜）が『ビーイング・デジタル』（ネグロポンテ, 1995, p.342）で提示していた「Daily Me」（デイリー・ミー＝「日刊わたしだけの新聞」。「わたし専用にカスタマイズされた情報パッケージ」の意）という概念を

改めて検討した。ネグロポンテは、接触する情報が趣味や興味、得意な事柄等に限られ、結びつく人間も趣味が共通したり、ある話題について考え方・感じ方が同じだったりするので、視野が狭くなり、「不特定多数」との共生が求められる民主主義を後退させかねない、などと懸念を表明した。キャス・サンスティーンはその考察を踏まえ、「フィルタリング」(情報のふるい分け・分類化) の概念を再検討し、結果として同様の議論を展開した (サスティーン, 2003, p.223)。その邦訳書のタイトルはまさしく『インターネットは民主主義の敵か』である。なるほど、インターネットのコメント欄に誹謗中傷が増えるのはその典型事例とも言える。読者・視聴者のその時の感情、趣味・関心、比較的豊富に持つ背景知識・情報等に従って情報が選択され、なおかつスマホのような携帯端末で受容されれば、大衆社会の時代にマスメディアが報じていた「社会ニュース」は「私的ニュース」に変質する。つまり、〈1対1〉の時空が仮想的につくり出されるので、意見を異にする人物がマスメディアに頻繁に登場する人間、つまり有名人という「影響力を持つ人間」であればあるほど、自らの意見をより強くぶつけたくなる。

こうしたインターネット批判は、前述の類型を用いれば、おおむねリベラリストを自称するインターナショナル・エリティズム側からのポピュリズム批判や「分断」批判と等しい。「仲間内」とは強い紐帯で結ばれるが、「仲間外」は排除するという「反多元主義批判」である。しかし、本当にインターネットは「民主主義の敵」だろうか? もしくは〈大衆〉は「民主的」な人間類型であるのに対し、〈繋衆〉は「反民主的」なそれであり、繋衆社会は反・民主主義的な社会なのだろうか?

既述の通り、ある時点であるネットワーク (つながり群) を輪切りにすれば閉鎖的で排除的で、分断的に見えるかもしれな

い。しかし、将来のいつかの時点で別のつながりと結ばれるかもしれないのが繋衆社会である。時間軸を考慮すれば、未特定少数のつながりはつねに開放的で、包摂的なのである。ネットワークは多元性と反多元性の双方が時間の経過に伴い変化する可能性を持つが、大衆民主主義は、多元主義を掲げながらも、「マス・コミュニケーション体制を構成する〈1〉が任意で決めるある時点」において一択を迫る点で反多元主義的と言うこともできる。もちろん、ほぼすべての大衆民主主義では、数年ごとの定期選挙や臨時選挙、定期的・不定期的な人事異動等が実施され、少数派が敗者復活を果たす可能性が制度的に保障されてはいる。

あるつながりを仮定する。そのつながりの規模を100万人とし、「排除される人々」（まだそのつながりと結ばれていない人々）を60万人とする。他方、大衆民主主義の手続きの要諦である多数決が行われる状況を想定する。同じ総数160万人のうち90万人が賛成票を、70万人が反対票を投じ、90万人の事案が採択されたとする。この場合、「100万人のつながり」の方が「90万人の賛成多数」より多いので、「より民主的」とは言えないだろうか？　さらに、おおむね多数決で最終的な意見集約を図る大衆民主主義においては、選挙結果は有権者の一般意思を反映することを前提としており、投票総数が余りに少数だったり、得票数が少なかったり、棄権票が多かったりすれば、選挙そのものが無意味と評価され、制度設計によっては選挙自体を無効としてやり直しを求められる。低投票率、低得票率（死票が多い）、棄権の多さ等はフィルターバブルの「弊害」とどう違うのだろうか？

あるテーマに対してまったく同じ装丁、ページ数も同じ、紙質も同じだが、主張は真逆の2冊の書籍を考える。一方は1000

円、他方は500円の価格で販売され、500円の方が圧倒的に売れた場合、500円のそれが「真理」、「真実」であり、1000円の方は「誤謬」、「虚偽」であると言えないところが、モノ（財）の取引と情報の取引が決定的に異なる点である。にもかかわらず、情報を議論する選挙や議会等の採決では多数決が採用される。価格が付かなくとも、情報はいとも簡単に淘汰されるのである。このように多数決では「部分」（少数意見）は完全に切り捨てられるので、時間を勘案すれば「つながる可能性を残す」ネットワークと比べて実はより非民主的とは言えないだろうか？大衆社会の民主性を語るのは、実は大衆社会の均質性を民主主義と取り違えているからではないだろうか？

　先に紹介したように、日本や米国では、まったくの赤の〈他人〉との出会いを求める人間が増えている。それはまさしく異質性、多様性に価値を見出す〈知人〉のメンタリティーである。これはフィルターバブルやエコーチェンバーの指摘が全面的には正しくない、という傍証にはならないだろうか？　フィルターバブル論、言葉をかえれば「分断」論は、大衆民主主義（〈1対多〉）で〈1〉を占めるエリートが、〈1対多〉の劣勢（テレビの視聴率の低迷、新聞・雑誌の発行部数の減少等）が明らかになるなかで編み出した「保身の理論」、もしくは「言い訳の理論」と解釈することもできるのではないか。

4　全体性と弱者

　フィルターバブル論にしろ、しばしば誹謗中傷や偽情報があふれるとされるインターネットへの非難にしろ、それらは一つの前提に基づいていると言える。大衆社会の倫理とも言える全体性（均質性という意味での平等性や公共性）の問題である。

実際、繫衆社会は全体性をあらかじめ捨象する。公共性の剥離とも言える。なるほど、全体性の観念がなければ、「弱者」や「少数派」を救済、支援できないかもしれない。政府は大衆の付託を受けた〈1〉としてその権力を「公共」(国民全体)の名で執行する。たとえ障碍者や女性、子ども、少数民族等に関する諸策を選挙公約に盛り込まなくとも、いったん立法・行政権を委任されれば、それらに関連する諸策を実施するのが——当選人や政党による考え方やアプローチの違いはあるにせよ——大衆民主主義(マス・コミュニケーション体制)の倫理である。

　マス・コミュニケーション体制(〈1対多〉)は弱者保護に関して強みを持つ。〈1〉を構成する国家が独占的に持つ徴税権や治安維持力である。〈多〉が無関心でも、また意識的に排除しても(「差別」と呼ばれる)、税を主財源として、社会保障・社会福祉を柱とする所得再分配政策を実施しうる。「公助」である以上、障碍の程度、年齢、性別、所得等に基づいて機械的に支援、保護する。刑事的な事案では警察が介入し(110番通報)、保護しうる。他にも水道・電気・ガス等のインフラ建設・保修、火災・救急(同119番)、自然災害、国家防衛等の緊急事態には〈1対多〉のヒエラルキー構造は強みを発揮する。

　これに対し繫衆社会は、弱者自らが開示するプライバシーや演じるキャラへの興味に基づいて関係を取り結び救済されることを期待する(いわゆる「共助」)。繫衆は自ら関係づくりのシグナルを送らなければならず、しかも「いつ」支援の手が差し伸べられるかはわからない。他者に対して当面は無関心でも排除(差別)はしないので、「いつか」は結ばれる可能性があるが、「いつか」とは自分の死後かもしれない。そうであれば「手遅れ」である(〈知人〉は「手遅れ」という文字は存在し

ない。それも覚悟の上だと言うかもしれないが)。最終的な支援・保護主体が、排他的権力(徴税権や治安維持力)を手段に機械的に実施する政府ではないという意味で、真に多様性を尊重し、包摂的な社会は繋衆社会の方だ、とする意見もあるだろう。しかし、支援を受けたい側の人間にとっては、大衆社会の方が即効的、実効的で、信頼できると言うかもしれない。

　本書の目的は〈1対多〉を排斥することではない。国民国家の枠組みが存続する限り、大衆社会を前提とする政策的な枠組み——主権を代表する代議制度、大企業を担い手とする大量生産・大量販売体制、放送・新聞を主とするマスメディア、政府の所得再分配機能、均質化という意味での平等化のうえでの競争促進、それによる社会的ヒエラルキーの形成等——が完全になくなることはないだろう。

　人間は恐らく、高度な危機察知・回避能力を本能的に持つ。21世紀を迎える頃からの繋衆社会の生成に伴い、マス・コミュニケーション体制(〈1対多〉)を構成する〈1〉に大して期待できないことを人々は理解し始めた。大衆社会の後退に対する政治・経済の応答については、先に述べた通り、四つの思想・体制を想像しうる。日本はインターナショナル・エリティズムの指向性が鮮明である。今後は所得格差の拡大等を背景にポピュリズムへの支持が拡がることが予想される。階級社会の伝統から「大衆」を「労働者」と捉えがちな欧州各国の国民にとっては、第一の指向がポピュリズムかもしれない。異なる人種・民族が多くを占める移民が自らの生活を脅かしかねないからである。「大衆」を「努力すれば報われる中間層」と理解しがちな米国民にとって、伝統的にはインターナショナル・エリティズムの指向性が強いだろうが、近年のトランプ大統領の躍動に見られるように、ポピュリズムがすでに主流思想へ躍り出てい

るかもしれない。

　インターナショナル・エリティズム、ポピュリズムのいずれにせよ、繋衆社会化が進行するなかで国民国家（大衆社会）を守護・救出しようとするナショナリスティックな動機から生成している思想なので、反動思想と言える。他方、原理主義やネットワーキズムは、繋衆社会化を肯定し、国が推進する経済成長に依存しない、社会の自律的な運営に信頼を寄せる進歩思想と言える。こちらも多くの国・社会において着実に支持を拡げて行くことが予想される。

　繋衆社会化が引き続き進行するのは間違いない。しかし、大衆社会に基礎を持つ大衆民主主義への期待が――不法移民の大量流入による財政破綻、それによる社会保障体制の崩壊、高失業の常態化等が不意に起これば話は別だが――近い将来において完全に潰え去る事態は考えにくい。

5　繋衆社会と自然環境

　自然環境と人間社会の関りは、社会について論じる本書でも本質的な問題であるはずである。しかし、筆者には繋衆社会と自然環境はどのように関連するのか、繋衆社会は自然環境とどう向き合うべきか、などの問題を包括的、体系的に論じる力量がない。以下、文字通り覚書程度のものを記す。

　自然環境と人間社会との関わりに関する議論は、新たな時代状況の始まりとその終わりに熱を帯びる。最初に自然環境問題が浮上したのは19世紀末、第二次産業革命が加速し、大量生産・大量消費体制が誕生しつつあった大衆社会の揺籃期である。1970年代以降の議論は大衆社会の終末期に当たる。1970年前後には自然保護活動や国・企業と個別的に対峙する反公害闘争が

終章

活発化し、後に「第一の環境の時代」と呼ばれるようになった。

大衆社会の「入り口」と「出口」における自然環境問題に関しては、二人の米国人女性がしばしば言及される。

米国の女性活動家、エレン・スワロー（1842〜1911）は1892年11月30日、ボストンの講演で「この方向（注…大量生産・大量消費体制の形成）はこれからも続くに違いない。だから私たちは身のまわりの環境の状態と変化に対してなんらかの制御力をもたなければならない。そのための唯一の方法は、男性は職場で、女性は家庭や地域で、子どもは学校で環境をよい方向に制御できる資質を身につけることである」と環境学習の意義を説いた。独のヘッケルが1866年に提唱した「エコロジー」(Oekologie)の語源がギリシャ語の「Oekos」、つまり「すべての人の家」であることを知り、そのような「すべての人の家」（環境）をより良いものに変えるべきだと訴えたのである（ロバート・クラーク, 1994, p.333）。これが今日言われる「エコロジー運動」の始まりである。それから約70年後、米国のレイチェル・カーソン（1907〜64年）は『沈黙の春』（1962年）を著わし、大量生産の有力手段である農薬等の化学物質による自然破壊を糾弾した（カーソン, 1974, p.394）。同書は大量生産を推進・享受する社会、つまり「工業化社会」そのものを地球規模で問い直す契機となった。

1972年には自然環境問題に関する世界初の国際会議である国連人間環境会議（ストックホルム会議）が開催された。そのスローガンは「かけがえのない地球（Only One Earth）」であり、自然環境問題が地球規模の課題である旨を国際会議で初めて宣言した。

1970年代、経済サービス化は省資源、省エネを促し、自然環境問題を軽減すると期待された。「情報化・消費化」は「市場

の無限性という成長の無限空間」を夢見させたからである（見田, 1996, p.67）。しかし、その夢もすぐに「資源の有限性」という「市場の有限性」に代わる新しい臨界と遭遇することになった（見田, 前掲書, 同）。その問題に気づいた1990年前後は、「第二の環境の時代」と呼ばれるようになった。その後も状況はさらに悪化した。問題は国境を超え、全人類の生存に関わる地球規模の議題へと拡大し、1990年代後半には「地球環境問題」と呼ばれるようになった。大衆社会が「エコロジー」を内に抱えながら膨張したように、繋衆社会が「地球環境問題」と格闘しつつ、当面は拡大を続けるのは間違いない。

大衆社会は製造業（モノの生産）の拡大に合わせて成長した。それは生産地と生活拠点が遠隔化し、分離するところに最大の特徴の一つがあった。工場は地代が安い都市郊外に集約される一方で、居住地は住宅建設のほか、商業・その他サービスの消費地として開発が進んだ。この動向は近年、地球規模で再現されつつあり、大量生産型の製造業はコスト安の途上国に移転し、高付加価値品は地産地消を実践すべく高所得国で生産されるのが当たり前となった。

1970年代には大衆の分衆化も進んだ。分衆社会は職・住近接、生産・消費接近のベクトルを持つ。職・住近接、生産・消費接近は「地域」という「土地」への執着を育んだ。人々の価値多元化のダイナミズムは大量生産・大量消費体制への批判意識として現れた。そのような意識、感覚は個人主義的なものだが、「土地」への覚醒は居住地域の尊重という形でも焦点を結んだ。マスメディアや大企業批判が高まり、公害反対、汚染企業排除等の住民運動も湧きおこった。健康ブームを伴いつつ、食糧、エネルギー、労働力（Uターン）、さらには資本等の地産地消が唱道された。地域メディアも活発化した。DIY（自作・自用）」

も盛んになった。

　ところで、分衆化のダイナミズムは二つのベクトルを内包していたと言える。一つはいま述べたような地域化だが、もう一つは越境である。いずれも大衆社会を基礎に進んだ国民統合もしくは国民国家形成の逆転のベクトルである。1980〜90年代はこのうち地域化がより顕著に現れたと言える。それに対して2000年代以降は、繋衆社会化がグローバル化と相まって進行するなかで、越境のベクトルが顕在化していると考えられる。国境や国益を強調し、自らもそれらに越境を阻まれるマス・コミュニケーションと異なり、ネットワークは軽々と国境や国益を飛び越える。大衆は「国民」や「国家」にしがみつくが、それに対し繋衆の目に映る景色は地球である。そうした時代状況において「地球環境問題」が立ち現れた。執着する「土地」はもはや地域ではなく、地球の大地、大気、大洋である。

　繋衆は地球を舞台に具体的にどんなアクションを起こすのか？

　近年、「関係人口」という概念が注目されている（田中, 2017, p.255, 2021, p.385）。一般的な「人口」は定住人口を指すが、関係人口は、短期旅行者とも定住者とも異なる、比較的頻繁に訪れたり一定期間滞在したりして当該地域のイベント等に関与するなどする人々を指す。歯止めのきかない過疎化に地方が直面するなかで、一定の愛着を持って当該地域に関係すれば、将来的に定住に結びついたり、様々なバックグラウンドを持つ人間を誘引する触媒となったり、新たな価値観を偶発的に創造したりするなどの発想から生まれた概念である。その概念を基に理論武装した地方の行政当局はリモートワークやイベント参加型の観光を促す政策を推進する。定住者により、歴史や伝統、風土等から当該地区に形成・継承される規範への忠誠を成立要件

とする「地域」に対し、関係人口にはそのような「地域」がない。あるとすれば、先に述べた通り、「地球地域」（global region＝グローバル・リジョン、glocal＝グローカル）である。繫衆と同じく、その視界に入る景色が地球だとすれば、関係人口は「暫定居住地」から地球環境とどのように向き合うのだろうか？些細なことのように見えるが、例えば——「地域」ではなく——個人で実践可能なプラスチックごみの減量化やリサイクル活動、家庭菜園等の「自産自消」が「地球地域」とつながる経路となるのだろうか？

あとがき

　今回ようやく仕事である香港、中国本土等のアジアに関する経済・産業調査の仕事とは離れた思索を整理し、発表する機会を得た。過去数十年の経済低成長のなかで守銭奴のような存在に堕してしまった日本の中央・地方の政財界、マスメディアに呆れ果てていたものとして、また社会を論じて飯を食うことは難しいと考えていたものとして、本当にうれしい。

　本書でふれた通り、おそらく人間社会の万古不易の「目標」は安定（定常）確保だが、大衆社会が終わろうとする頃から数字でしか表せない経済成長が目標となってしまった。手段が目的化すると歯車はしばしば逆転を始める。例えば、日本において1990年代以降、財政を拡大し、金融を緩和し、（小手先の）規制緩和をしても、平均的な個人所得は増えず、革新的な事業は起きず、国際競争力は向上しなかった。日本に見切りをつけ、海外移住を選ぶ若者は確実に増加した。ゼロ（何もない）に近い数字を目標に掲げ、その達成・未達成をめぐり右往左往する政治は卑俗である。そして、そのことに早く気づくべきだった。

　本書を鶴見俊輔（1922〜2015。評論家）、竹内成明（1933〜2013。同志社大学）、田村紀雄（東京経済大学）の三氏に捧げる。

　鶴見氏とは現代風俗研究会（通称「現風研」。1976年に京都で創設）での発表や田村氏の退官記念パーティなどで数度お目にかかっただけだが、その著書等を通じてこれまでの人生で最

大・最高度の知識と刺激を受けた。日本に米国の「コミュニケーション学」を紹介したのは同氏だが、それは米国発祥の「マス・コミュニケーション論」ではなく、19世紀後半から20世紀前半に一つの思想潮流をつくったチャールズ・サンダース・パース、ウィリアム・ジェームズ、ジョン・デューイらのプラグマティズム、分解してみれば記号論、心理学、そして当時の雑多なアメリカ思想の総体である。それらはいわば「メタ学問」としてのコミュニケーション思想・哲学でもある。私が目にしたすべての文献は鶴見氏の掌の中にあったし、今後もそうだろうと確信する。仕事で香港や中国本土に関する報告書等をまとめる際は、鶴見氏ならこの事実はこう解釈するだろう、このロジックは有り得ないと考えるだろう、などと自問自答してきた。京都の法然院の講堂で開かれた現風研では、桑原武夫（故人。京都大）、多田道太郎（故人。同）、橋本峰雄（故人。神戸大、法然院第30代貫主）、井上俊（大阪大）、井上忠司（甲南女子大）、山本明（故人。同志社大）など、素晴らしく独創的で謙虚な研究者に交じってにこにこしながら話を聞いてくださった。コメントをいただけたのは多田氏だったが。

　竹内氏には同志社大学大学院の修士課程で指導を受けた。同氏は1970年の日米安保条約自動延長の際の学内のごたごたに嫌気がさして京都大学を辞め、同志社に職を得た。竹内氏の口癖は「ぐちゃぐちゃになるんや」というものである。物事を突き詰めて考えると必ず八方ふさがりになるという意味に解釈していた。「自分は何でも知っている」とばかり非常勤講師や学生、その他いわゆる在野の研究者の意見をこき下ろしたり、完全無視したりする研究者とはまったく違っていた。騎士道精神に心酔するあまり騎士道が目的化してしまい奇行を繰り返すドン・キホーテ。そんな主人に大抵は無視されながらも巧みな表現で

あとがき

現実に連れ戻そうと忠告を続けるサンチョ・パンサ。竹内氏はそのような両者の関係を論じた自著に『闊達な愚者』というタイトルをつけた。サンチョ・パンサ（＝闊達な愚者）に近づこうとした氏にとって、究極のコミュニケーションが「ひとり言」であることは容易に理解できた。

　田村氏には博士論文の主査等として多大の指導を受けた。マスメディアとは異なる、オルタナティブ・メディア（もう一つのメディア）研究のパイオニアである。新聞や雑誌、放送等のマスメディアは、想定される読者や視聴者の特性、読者数や視聴者数などを計算し、コスト回収を図る。規模が大きくなればなるほど営業と政治の観点が迫り出し、メディアは情報の排他的送達者として権力と化す。言論の原点はしかし、これとは異なる。「いまこれを語らなければならない」、そして「いまその声に耳を傾けなければならない」という身体的な反射からそれは始まる。特権や肩書、資本力を持たない人々の「ひとり言」もその始点にある。田村氏はその地点に執着しつつ、ローカル紙やミニコミ誌、タウン誌、海外邦字紙・誌、空間、移民等を研究してきた。

　現風研の主な創設発起人は京都大学人文科学研究所（1949年に改組・開所）の仏文学系教員で、竹内氏も仏文出身で人文研に籍を置いたが、開所時に鶴見氏が加わったことで人文研はコミュニケーション、大衆思想研究の一大拠点となった。米国の思想・哲学的系譜ではマルクス主義は皆無に等しいが、西欧思想ではリベラリズムの流れのなかでマルクス主義は自然に受け入れられていた。人文研が初期に取り組んだ『ルソー研究』や『フランス百科全書の研究』は啓蒙思想がプラグマティズムという思考の道具を得て新しい解釈を施された唯一無二の成果だった。

もっとも、京大は戦前も「コミュニケーション研究」で独自の境地を開いていた。戦後、日本の大学で最も早く新聞学専攻を同志社の文学部に設け（1948年4月）、鶴見氏（1961年）、後に竹内氏（1973年）を同専攻に招いたのは和田洋一氏（1903～1993）だが、和田氏とともに『世界文化』（1935～37年）を創刊し、ともに治安維持法違反で検挙されるまで反戦・反ファシズムの論陣を張った京大哲学科出身の美学者・中井正一氏（1900～52）は、1936年に『委員会の論理』という抵抗の組織コミュニケーション論を発表した。鶴見氏は後に同論文について、当時としては世界最高水準の「コミュニケーション研究」と評した。筆者はその論文に触発され、修士論文をまとめた。本書でも引用した同じく京大出身で同志社や人文研で教育・研究をした科学史家の山田慶兒氏には中国哲学に関する論考が数多くあるが、そのどれからも『委員会の論理』と同様の精密さと趣を感じるのは、おそらく偶然ではない。中井氏は戦後、地方の伝統文化の継承や市民への知識の普及が平和国家としての日本の再建につながるとの信念から、広島県尾道市図書館長や国立国会図書館副館長等の職に就いた。
　他方、京大人文研が日本の伝統思想、大衆思想を土台に斬新な研究を進めていた同時期、東京大学新聞研究所（1949～1992年）は米国産のマス・コミュニケーションの諸理論を盛んに紹介していた。田村氏は1960年代、同新聞研で研究者としての道を歩み始めたが、その一方で鶴見氏らが創設した思想の科学研究会（1946年～）の主要メンバーでもあった（1981～82年会長）。同会が日本の戦後思想と社会・人文系の知に及ぼした影響力は計り知れないが、田村氏は東西両方のコミュニケーション研究を身をもって知る日本でも稀有な研究者と言える。1995年には日本初のコミュニケーション学部を東経大に設置した。

あとがき

　偶然にも、博士論文の副査（研究・論文で主査をサポート）の一人は11歳上の修士課程の先輩だった。狭い京都の町をバイクで効率よく移動しつつ、非常勤講師をかけ持ちしていた。月に一度は銀閣寺周辺の飲み屋で竹内氏を囲んで「飲みながら研究会」をしたり、定期的に原書購読などの勉強会を開いたりしていた。数十年ぶりに再会し雑談をしていたある時、彼は鶴見氏の批判を始めた。1980年代の京都のコミュニケーション学、社会学系の若手教員や学生にとって、鶴見氏はなお雲の上の人であり、同氏もその空気を吸いたくて京都に来たはずである。自信満々で話す口調の変化と併せ、その豹変ぶりには驚いた。「ひとり言」からは遠く離れてしまったと感じた。その変化は彼が大学の常勤教員となったことが理由だろうと容易に推察できた。

　大学の常勤教員のポストを得て人が変わるのは珍しいことではない。突如として恩師と慕ってきた研究者の悪口を言ったり、非常勤講師にぞんざいな口をきくようになったりする人間は数知れない。大学というところは本当に恐ろしい。

　鶴見氏は日米新安保条約の締結・更新の際に警察（機動隊）に頼った日本政府や教授会に抗議するなどして合計三度、大学を辞めた。『鶴見俊輔伝』（2018年）を書いた作家・黒川創氏によれば、同志社に退職届を出したまでは良かったが、奥様に今度は何と説明したらいいのだろうとびくびくしながら家路についたそうだ（奥様は「よかったわね」と応じたそうである）。

　1980年代以降、「真理は一つ」、「正義を貫く」などとして、大学と距離を置いたり、大学を辞めたり、教授昇進を拒む形で大学や国への抵抗の意志を示したりする人は見つからない。個人の信念そのものが間違っていたり、不正義だったりすることもあるだろうし、信念とは一つの自己満足にすぎず、社会的意

義はまったくないという考え方もあるだろう。少子化や財政逼迫等で大学とその教職員が体制順応的、日和見主義的になったという評価もあるだろう。脱冷戦が進行し、国論を二分するような問題もなくなったので驚きはないという見方もできるだろう。そもそも学生が学習意欲、問題意識を失い、アルバイトと就職のことばかり考えているので、教師に思想を求める方がおかしいという意見もあるだろう。

　竹内氏は亡くなる5年前の2008年、「なぜ、いまさら、『思想』なのか？」という正面切った短文を書いた（『コミュニケーションの思想〜記号とメディア』，れんが書房新社，2019年に収録）。

　「現代思想は、自由主義も社会主義も否定することから始まった。歴史的な経過からして、当然の態度であっただろう。

　ひととき、『脱構築』という言葉がもてはやされた。再・構築、つまりあらためて根本から思想を立て直すべき、というのではない。脱・構築、つまり思想を構築することから脱け出せ、というのであった。

　思想を構築するのは、言葉であり、言葉で構築した結果が書物になる。単純に考えれば言葉で構築することをやめれば、本はできない。つまり『脱構築』とは、本を書かないということになる。

　けれども、ポストモダン派の思想書は、いまや哲学の権威として君臨している。わたしにとって、これは謎でしかない。

　『脱構築』を徹底するのであれば、哲学であること、『知を愛する』ことをやめるべきであった。『知』を愛さなくても、人間には『情』があり『信』がある。現代思想は、『知』ではなくて、『情』や『信』を愛することに立ちもどるべきではなかったか。

　これは知識人には．はじめから受けの悪い発想だ。情にほだ

あとがき

され、信にあざむかれる。そんな庶民の世界から脱け出して、思想は自らを確立してきたはずである。ほだされ、あざむかれてきた庶民の生に立ちもどって、いったい何が得られるというのか。

　ほだされ、あざむかれながら、わたしたち庶民のひとりひとりは、いま文明国家のもとで、とにもかくにも生きている。とにもかくにも賑々しく生きている。賑々しく生きてはいるけれど、ある日気がつけば、ひとり空漠のなかに放りだされているかもしれない。

　賑々しさのなかの空漠、たぶんそれがひとりぼっちで死んでいった老人とわたしが共有している場、この時代がつくりだした生の場なのではなかろうか。

　わたしが語りたいのは、そのような生の場である」

　庶民は情や信に翻弄される一方で、知識人はそうした感情を封印（封印したふりを）し、知を構築する。知は業績を伸ばしたり、ポストを得たり、昇進したり、名声を高めたり、富や文明を築いたり、戦争をしたりする際に役立つ。大衆社会がそのような知識人と庶民をつくったとすれば、繋衆社会は〈知人〉を生んだ。「賑々しさのなかの空漠」とは、「ひとりぼっちで死んでいった老人とわたしが共有している場」ではなく、実は"みんなぼっち"、もしくは"個独"である〈知人〉の新たな知の姿なのではないか。そうだとすれば、繋衆社会において繋衆社会についての本を書くのは、「謎」ではないのかもしれない。しかし、「謎」でないとすれば、今日、言葉をもって知を構築する意味は何か？　いや、誰もが「知識人」と同様に言葉を発することができる繋衆の時代であれば、著者がそのような問いを立てること自体が時代錯誤だ、繋衆ひとりひとりが解くべき問題だ、と言うべきだろうか。

今回も芙蓉書房出版の奥村侑市社長、そして前社長の平澤公裕さんにお世話になった。深く感謝する。

参考文献

※同一文献でも異なる章で引用や参考等にした場合は該当章で改めて掲載した。

序章

・丸山眞男（1983）『日本政治思想史研究』東京大学出版会
・武田知弘（2009）『ヒトラーの経済政策～世界恐慌からの奇跡的な復興』祥伝社新書
・武田知弘（2010）『ヒトラーとケインズ』祥伝社新書
・ポール・コリアー（著）、中谷和男（訳）（2008）『最底辺の10億人～最も貧しい国々のために本当になすべきことは何か?』日経BP社. Collier Paul, 2007. *The Bottom Billion: Why the Poorest Countries are Failing and What Can Be Done About It*, Oxford University Press.
・ポール・コリアー（著）、甘糟智子（訳）（2010）『民主主義がアフリカ経済を殺す～最底辺の10億人の国で起きている真実』日経BP社. Collier Paul, 2009. *Wars, Guns, and Votes: Democracy in Dangerous Places*, Harper Collins.
・香内三郎（1991）『ベストセラーの読まれ方～イギリス16世紀から20世紀へ』NHKブックス
・ベネディクト・アンダーソン（著）、白石隆、白石さや（訳）（1987）『想像の共同体～ナショナリズムの起源と流行』リブロポート. Anderson, Benedict Richard O'Gorman, 1983. *Imagined Communities: Reflections on the Origin and Spread of Nationalism*, Verso.

【その他】

・香内三郎（1982）『活字文化の誕生』晶文社
・香内三郎（2004）『「読者」の誕生～活字文化はどのようにして定着したか』晶文社

第1章

- エミール・デュルケム（著）、宮島喬（訳）(1978)『社会学的方法の基準』岩波書店. Durkheim Émile, 1895. *Les Règles de la méthode sociologique (The Rules of Sociological Method),* Librairie Félix Alcan, Paris.
- ギュスターヴ・ル・ボン（著）、櫻井成夫（訳）(1993)『群衆心理』講談社学術文庫. Le Bon Gustave, 1895. *Psychologie des Foules. (The Crowd: A Study of the Popular Mind),* Createspace Independent Pub. (2016 Edition).
- ガブリエル・タルド（著）、稲葉三千男（訳）(1964)『世論と群集』未來社. Tarde Jean-Gabriel de, 1901. *L'opinion et la foule,* Blurb (2021 edition).
- カール・ポランニー（著）、吉沢英成、野口建彦、長尾史郎、杉村芳美（訳）(1975)『大転換〜市場社会の形成と崩壊』東洋経済新報社. Polanyi Karl, 1944. *The Great Transformation,* Farrar & Rinehart, New York.
- カール・ポランニー（著）、玉野井芳郎、中野忠（訳）(1998)『人間の経済2〜交易・貨幣および市場の出現』岩波書店. Polanyi Karl, edited by Pearson H, 1977, *The Livelihood of Man,* Academic Press New York.
- ユルゲン・ハーバーマス（著）、細谷貞雄（訳）(1973)『公共性の構造転換』未來社. Habermas Jürgen, 1962. *Strukturwandel der Öffentlichkeit. Untersuchungen zu einer Kategorie der bürgerlichen Gesellschaft (English edition; The Structural Transformation of the Public Sphere: An Inquiry into a Category of Bourgeois Society,* 1989. Polity, Cambridge.)
- ロバート・D・パットナム（著）、河田潤一（訳）(2001)『哲学する民主主義〜伝統と改革の市民的構造』NTT出版. Putnam, Robert David, 1993. *Making Democracy Work: Civic Traditions in Modern Italy,* Princeton University Press.
- Shannon Claude E. and Weaver Warren, 1949. *The Mathematical Theory of Communication,* the University of Illinois Press, Urbana.
- 鶴見俊輔（1959）『誤解する権利〜日本映画を見る』筑摩書房

- 堂目卓生（2008）『アダム・スミス〜「道徳感概論」と「国富論」の世界』中公新書
- ハワード・ラインゴールド（著）、会津泉（訳）（1995）『バーチャル・コミュニティ〜コンピューター・ネットワークが創る新しい社会』三田出版会. Rheingold Howard, 1993. *The Virtual Community: Homesteading on the Electronic Frontier.* Reading, Addison-Wesley Massachusetts.
- 植村邦彦（2010）『市民社会とは何か〜基本概念の系譜』平凡社新書
- ピーター・F・ドラッカー（著）、上田惇生、佐々木実智男、田代正美（訳）（1993）『ポスト資本主義社会〜21世紀の組織と人間はどう変わるか』ダイヤモンド社. Drucker. P. F., 1991. *Post-Capitalist Society,* Harper Business, New York.
- 郭四志（2021）『産業革命史〜イノベーションに見る国際秩序の変遷』ちくま新書
- オルテガ・イ・ガセット（著）、神吉敬三（訳）（1967）『大衆の反逆』角川文庫. José Ortega y Gasset, 1929/1930. *La rebelión de las masas (The Revolt of the Masses),* Austral, Edicion Conmemorativa (2009 Edition).
- 長谷川玲（2005.11.9）「各種コミュニケーション・ツールの強みと弱み」
https://atmarkit.itmedia.co.jp/fbiz/cbuild/serial/comm/02/01.html
- 間宮陽介他（2018）『現代社会』東京書籍

【その他】
- 稲葉三千男（2000）『コミュニケーション発達史』創風社
- 遠藤薫（2007）『間メディア社会と〈世論〉形成〜ＴＶ・ネット・劇場社会』東京電機大学出版局
- 遠藤薫（2008）『ネットメディアと〈コミュニティ〉形成』東京電機大学出版局
- 金子郁容、松岡正剛、下河辺淳（1998）『ボランタリー経済の誕生〜自発する経済とコミュニティ』実業之日本社

- 萱野稔人（2019）『リベラリズムの終わり〜その限界と未来』幻冬舎新書
- 菊谷和宏（2011）『「社会」の誕生〜トクヴィル、デュルケーム、ベルクソンの社会思想史』講談社
- 坂口ふみ（2023）『〈個〉の誕生〜キリスト教教理をつくった人びと』岩波現代文庫
- 杉田敦（2024）『自由とセキュリティ』集英社新書
- スディーヴン・カーン（著）、浅野敏夫、久郷丈夫（訳）（1993）『空間の文化史〜時間と空間の文化：1880-1918年』法政大学出版局. Kern Stephen, 1983. *The Culture of Time and Space 1880-1918,* Harvard University Press.
- 竹内成明（1986）『コミュニケーション物語』人文書院
- 竹内成明（著）、三宅広明、庭田茂吉（編）（2019）『コミュニケーションの思想〜記号とメディア』れんが書房新社
- 津阪直樹（2023）『ルポ リベラル嫌い〜欧州を席巻する「反リベラリズム」現象と社会の分断』亜紀書房
- ジェイ・デイヴィッド・ボルター（著）、黒崎政男、伊古田理、下野正俊（訳）（1994）『ライティングスペース〜電子テキスト時代のエクリチュール』産業図書. Bolter Jay David, 1991. *Writing Space,* Lawrence Erlbaum Associates.
- 中井正一（1995）『中井正一評論集』岩波文庫
- デイヴィビッド・クローリー、ポール・ヘイヤー（編）、林進、大久保公雄（訳）（1995）『歴史のなかのコミュニケーション〜メディア革命の社会文化史』新曜社. Crowley David & Heyer Paul ed., 1991. *Communication in History: Technology, Culture, Society,* Longman, New York.
- ピーター・バーク（著）、井山弘幸、城戸淳（訳）（2004）『知識の社会史〜知と情報はいかにして商品化したか』新曜社. Burke Peter, 2000. *A Social History of Knowledge: from Gutenberg to Diderot,* Polity.
- 樋口陽一（2019）『リベラル・デモクラシーの現在〜「ネオリベラル」と「イリベラル」のはざまで』岩波新書
- 藤井達夫（2021）『代表制民主主義はなぜ失敗したのか』集英社新

書
- 真鍋弘樹（2018）『ルポ 漂流する民主主義』集英社新書
- 森村進（2001）『自由はどこまで可能か〜リバタリアニズム入門』講談社現代新書
- 吉田徹（2020）『アフター・リベラル〜怒りと憎悪の政治』講談社現代新書
- 若森みどり（2009）「カール・ポランニーの『経済社会学』の誕生〜『大転換』から『人間の経済』へ」『経済学史研究』51巻2号、経済学史学会
- 若森みどり（2015）『カール・ポランニーの経済学入門〜ポスト新自由主義時代の思想』平凡社新書
- 渡瀬裕哉（2019）『なぜ、成熟した民主主義は分断を生み出すのか〜アメリカから世界に拡散する格差と分断の構図』すばる舎

第2章

- C・W・ミルズ（著）、鵜飼信成、綿貫譲治（訳）（1969）『パワー・エリート上』、『パワー・エリート下』東京大学出版会UP選書. Mills C.Wright, 1956. *The Power Elite,* Oxford University Press.
- カール・ポランニー（著）、玉野井芳郎他（訳）（2003）『経済の文明史』ちくま学芸文庫．［本書はカール・ポランニーの主要論文を日本で独自に訳出・編集した書。元は1975年に日本経済新聞社から刊行］
- 石田光規（2021）『友人の社会史〜1980-2010年代　私たちにとって「親友」とはどのような存在だったのか』晃洋書房
- デイヴィッド・リースマン（著）、加藤秀俊（訳）（1964）『孤独な群衆』みすず書房. Riesman David, 1950. *The Lonely Crowd: A Study of the Changing American Character,* Yale University Press.
- ジョン・メイナード・ケインズ（著）、間宮陽介（訳）（2008）『雇用・利子および貨幣の一般理論』（上、下）岩波文庫. Keynes John Maynard, 1936. *The General Theory of Employment, Interest and Money,* Palgrave Macmillan.

- ガブリエル・タルド（著）、池田祥英、村澤真保呂（訳）（2016）『模倣の法則』河出書房新社. Jean-Gabriel de Tarde, 1890. *Les lois de l'imitation: Étude sociologique,* Félix Alcan, Paris.
- 藤岡和賀夫（1984）『さよなら、大衆〜感性時代をどう読むか』PHP研究所
- 博報堂生活総合研究所（編）（1985）『「分衆」の誕生〜ニューピープルをつかむ市場戦略とは』日経BPマーケティング（日本経済新聞出版）
- 小沢雅子（1985）『新「階層消費」の時代〜消費市場をとらえるニューコンセプト』日本経済新聞社
- TBS調査部（編）（1986）『「新大衆」の発見〜分衆・少衆論を批判する』東急エージェンシー
- 森政稔（2020）『戦後「社会科学」の思想〜丸山眞男から新保守主義まで』NHKブックス
- 森一道（2006）「コミュニケータ論〜『技術共有』社会の技術伝道者」『コミュニケーション科学』東京経済大学コミュニケーション学会
- 山田慶兒（2010）『技術からみた人類の歴史』編集グループ〈SURE〉
- 田村紀雄（1968）『日本のローカル新聞』現代ジャーナリズム出版会
- 田村紀雄（1976）『日本のローカル新聞 改訂増補』現代ジャーナリズム出版会
- 田村紀雄（編著）（1983）『地域メディア〜ニューメディアのインパクト』日本評論社
- マーシャル・マクルーハン（著）、森常治（訳）（1986）『グーテンベルクの銀河系〜活字人間の形成』みすず書房. McLuhan Marshall, 1962. *The Gutenberg Galaxy: The Making of Typographic Man,* University of Toronto Press.

【その他】
- 石田光規（2018）『孤立不安社会〜つながりの格差、承認の追求、

ぼっちの恐怖』勁草書房
- 石田光規（2022）『「友だち」から自由になる』光文社新書
- 今村仁司（1996）『群衆〜モンスターの誕生』ちくま新書
- 牛山佳菜代（2013）『地域メディア・エコロジー論〜地域情報生成過程の変容分析』芙蓉書房出版
- 加藤晴明（2015）「地域メディア論を再考する〜〈地域と文化〉のメディア社会学のために：その3」『中京大学　現代社会学部紀要』（第9巻　第1号）
- 権上康男、廣田明、大森弘喜（1996）『20世紀資本主義の生成〜自由と組織化』東京大学出版会
- 瀬沼克彰（1980）『脱マスカルチャーの時代』学文社
- 間宮陽介（1993）『法人企業と現代資本主義』岩波書店
- マルチメディア事典編集委員会（編）（1995）『マルチメディア事典〜21世紀に向けて社会・情報革命のバイブル』産業調査会
- 山田慶兒（1991）『制作する行為としての技術』朝日新聞出版

第3章

- 石坂昭雄、船山榮一、宮野啓二、諸田實（1985）『新版 西洋経済史』有斐閣双書
- ハンナ・アーレント（著）、大久保和郎（訳）（2017）『【新版】全体主義の起源1〜反ユダヤ主義』みすず書房. Arendt Hannah, 1951. *The Origins of Totalitarianism*, Schocken Books.
- ハンナ・アーレント（著）、大島通義、大島かおり（訳）（2017）『【新版】全体主義の起原2〜帝国主義』みすず書房. Arendt Hannah, 1951. *The Origins of Totalitarianism*, Schocken Books.
- ハンナ・アーレント（著）、大久保和郎、大島かおり（訳）（2017）『【新版】全体主義の起源3〜全体主義』みすず書房. Arendt Hannah, 1951. *The Origins of Totalitarianism*, Schocken Books.

【その他】

- アルフレード・ロッコ、ジョヴァンニ・ジェンティーレ、ベニー

ト・ムッソリーニ（著）、竹本智志、下位春吉（訳）(2019)『ファシズムの原理　他三編』(第二版) 紫洲書院．[三者の論考初出はそれぞれ1925年、1933年、1933年]

第4章
・総務省（2024）『令和6年版　情報通信白書』
・荻上チキ（2008）『ネットいじめ～ウェブ社会と終わりなきキャラ戦争』PHP新書
・土井隆義（2004）『「個性」を煽られる子どもたち～親密圏の変容を考える』岩波ブックレット
・森真一（2008）『ほんとはこわい「やさしさ社会」』ちくまプリマー新書
・富田英典（2009）『インティメイト・ストレンジャー～「匿名性」と「親密性」をめぐる文化社会学的研究』関西大学出版部
・小川克彦（2011）『つながり進化論～ネット世代はなぜリア充を求めるのか』中公新書
・内藤朝雄（2009）『いじめの構造～なぜ人が怪物になるのか』講談社現代新書
・和田秀樹（2010）『なぜ若者はトイレで「ひとりランチ」をするのか』祥伝社
・土井隆義（2008）『友だち地獄～「空気を読む」世代のサバイバル』ちくま新書
・富田英典、藤村正之（編）（1999）『みんなぼっちの世界～若者たちの東京・神戸90's・展開編』恒星社厚生閣

【その他】
・土井隆義（2009）『キャラ化する/される子どもたち～排除型社会における新たな人間像』岩波ブックレット
・土井隆義（2014）『つながりを煽られる子どもたち～ネット依存といじめ問題を考える』岩波ブックレット
・土井隆義（2019）『「宿命」を生きる若者たち～格差と幸福をつなぐ

もの』岩波ブックレット
- 森真一（2014）『友だちは永遠じゃない〜社会学でつながりを考える』ちくまプリマー新書
- 森口朗（2007）『いじめの構造』新潮新書
- 森田洋司（2010）『いじめとは何か〜教室の問題、社会の問題』中公新書

第5章
- ヤン=ヴェルナー・ミュラー（著）、板橋拓己（訳）（2017）『ポピュリズムとは何か』岩波書店. Müller Jan-Werner, 2016. *What Is Populism?*, University of Pennsylvania Press.
- Wilson William Julius, 1996. *When Work Disappears: The World of the New Urban Poor,* Knopf.
- ベネディクト・アンダーソン（著）、白石隆・白石さや（訳）（1987）『想像の共同体〜ナショナリズムの起源と流行』リブロポート. Anderson Benedict Richard O'Gorman, 1983. *Imagined Communities: Reflections on the Origin and Spread of Nationalism,* Verso.

【その他】
- 小川忠（2003）『原理主義とは何か〜アメリカ、中東から日本まで』講談社現代新書
- 栗原康（2021）『大杉栄伝〜永遠のアナキズム』角川ソフィア文庫
- 庄司克宏（2018）『欧州ポピュリズム〜EU分断は避けられるか』ちくま新書
- チャールズ・タウンゼンド（著）、宮坂直史（訳）（2003）『テロリズム』岩波書店. Townshend Charles, 2002. *Terrorism: A Very Short Introduction,* Oxford University Press.
- エンツォ・トラヴェルソ（著）、湯川順夫（訳）（2021）『ポピュリズムとファシズム〜21世紀の全体主義のゆくえ』作品社. Traverso Enzo, 2019. *The New Faces of Fascism: Populism and the Far Right,* Verso.
- 水島治郎（2016）『ポピュリズムとは何か〜民主主義の敵か、改革

の希望か』中公新書
- カス・ミュデ、クリストバル・ロビラ・カルトワッセル（著）、永井大輔、髙山裕二（訳）(2018)『ポピュリズム～デモクラシーの友と敵』白水社. Mudde Cas and Kaltwasser Cristóbal Rovira, 2017. *Populism: A Very Short Introduction,* Oxford University Press.
- 森元斎（2017）『アナキズム入門』ちくま新書
- シャンタル・ムフ（著）、山本圭、塩田潤（訳）(2019)『左派ポピュリズムのために』明石書店. Mouffe Chantal, 2018. *For a Left Populism,* Verso.
- 薬師院仁志（2017）『ポピュリズム～世界を覆い尽くす「魔物」の正体』新潮新書
- 山本圭（2021）『現代民主主義～指導者論から熟議、ポピュリズムまで』中公新書
- 吉田徹（2011）『ポピュリズムを考える～民主主義への再入門』NHKブックス

終章

- 津田正太郎、烏谷昌幸、山口仁、山腰修三（2024）『ソーシャルメディア時代の「大衆社会」論～「マス」概念の再検討』ミネルヴァ書房
- 西垣通（2013）『集合知とは何か～ネット時代の「知」のゆくえ』中公新書
- 西垣通（2014）『ネット社会の「正義」とは何か～集合知と新しい民主主義』KADOKAWA
- 枝廣淳子（2015）『レジリエンスとは何か～何があっても折れないこころ、暮らし、地域、社会をつくる』東洋経済新報社
- 鷲谷いづみ（2001）『生態系を蘇らせる』NHKブックス
- 喜治都（2013）「経済学における『自然』概念の再解釈～ポリティカル・エコノミーから現代経済学へ」玉川大学経営学部紀要『論叢』第19号. pp.31～50.
- ニコラス・ネグロポンテ（著）、福岡洋一（訳）(1995)『ビーイン

グ・デジタル〜ビットの時代』アスキー出版局. Negroponte Nicholas, 1995. *Being Digital,* Alfred a Knopf Inc.
・キャス・サンスティーン（著）、石川幸憲（訳）(2003)『インターネットは民主主義の敵か〜Republic.com』毎日新聞出版. Sunstein Cass R., 2001. *Republic.com,* Princeton University Press.
・ロバート・クラーク（著）、工藤秀明（訳）(1994)『エコロジーの誕生〜エレン・スワローの生涯』新評論. Clark Robert K., 1973. *Ellen Swallow: The Woman Who Founded Ecology,* Follet Publishing.
・レイチェル・カーソン（著）、青樹簗一（訳）(1974)『沈黙の春』新潮文庫. Carson Rachel, 1962. *Silent Spring,* Houghton Mifflin.
・見田宗介（1996）『現代社会の理論〜情報化・消費化社会の現在と未来』岩波新書
・田中輝美、シーズ総合政策研究所（2017）『関係人口をつくる〜定住でも交流でもないローカルイノベーション』木楽舎
・田中輝美（2021）『関係人口の社会学〜人口減少時代の地域再生』大阪大学出版会

【その他】
・アンドリュー・ゾッリ、アン・マリー・ヒーリー（著）、須川綾子（訳）(2013)『レジリエンス 復活力〜あらゆるシステムの破綻と回復を分けるものは何か』ダイヤモンド社. Zolli Andrew, Healy Ann Marie, 2013. *Resilience: Why Things Bounce Back,* Simon & Schuster.
・イーライ・パリサー（著）、井口耕二（訳）(2012)『閉じこもるインターネット〜グーグル・パーソナライズ・民主主義』早川書房. Pariser Eli, 2011. *The Filter Bubble: What the Internet Is Hiding from You,* Penguin Press, New York.

その他
・黒川創（2018）『鶴見俊輔伝』新潮社
・竹内成明（1980）『闊達な愚者〜相互性のなかの主体』れんが書房新社
・竹内禮子、庭田茂吉他（編）(2014)『闊達な愚者〜竹内成明先生追

想集』私家版
- 田村紀雄（2020）『自前のメディアをもとめて〜移動とコミュニケーションをめぐる思想史』編集グループ〈SURE〉
- 鶴見俊輔、山本明（編）（1979）『抵抗と持続』世界思想社
- 鶴見俊輔（2015）『「思想の科学」私史』編集グループ〈SURE〉
- 鶴見俊輔（2024）『アメリカ哲学』編集グループ〈SURE〉
- 丸山眞男（2005）『自由について〜七つの問答』編集グループ〈SURE〉
- 山田稔、黒川創（編）（2023）『多田道太郎〜文学と風俗研究のあいだ』編集グループ〈SURE〉
- ルイ・メナンド（著）、野口良平、那須耕介、石井素子（訳）（2021）『メタフィジカル・クラブ〜米国100年の精神史』【新版】みすず書房. Menand Louis, 2001. *The Metaphysical Club: A Story of Ideas in America,* Farrar, Straus and Giroux.
- 和田洋一（1976）『私の昭和史〜「世界文化」のころ』小学館

著 者

森 一道(もり かずみち)
1960年静岡県生まれ。同志社大学大学院文学研究科新聞学専攻修了。コミュニケーション学博士(東京経済大学)。1987年香港大学留学を経て、1989年New Asian Invesco Ltd.(亜洲策略有限公司)を香港に設立。中国・アジアの経済・産業・社会リサーチに従事する。中京女子大学(現・至学館大学。メディア・コミュニケーション論)、香港城市大学(日本社会・文化論)、香港中文大学(文化研究)、静岡大学(経済)等の非常勤講師を歴任。
著書に『香港情報の研究』(芙蓉書房出版、2007年)、『中国膠着』(芙蓉書房出版、2008年)、『ミスターホンコン～香港の新聞人・黎智英とその時代』(Amazon電子出版、2021年、1997年小学館ノンフィクション大賞最終候補作)、『東アジア国際分業と中国』(共著、日本貿易振興機構、2003年)、『コミュニケーション学入門』(共著、ＮＴＴ出版、2003年)、『香港失政の軌跡』(共訳、白桃書房、2021年)などがある。

「繋衆(けいしゅう)」の時代(じだい)
――分断と多様性の間にあるもの――

2025年 4月11日　第1刷発行

著者
森 一道(もり かずみち)

装 幀
クリエイティブコンセプト

発行所
㈱芙蓉書房出版
(代表 奥村侑生市)
〒162-0805東京都新宿区矢来町113-1
神楽坂升本ビル4階
TEL 03-5579-8295　FAX 03-5579-8786
https://www.fuyoshobo.co.jp

印刷・製本／モリモト印刷

定価はカバーに表示してあります。
落丁・乱丁本はお取替えいたします(古書店で購入されたものを除きます)。なお、本書のコピー、スキャン、デジタル化等の無断複製は著作権法上での例外を除き禁じられています。

© MORI Kazumichi 2025　Printed in Japan
ISBN978-4-8295-0895-4 C0011

【芙蓉書房出版の本】

石原慎太郎と石原裕次郎
嵐を呼んだ兄弟の昭和青春史
大島信三 著
本体 1,900円

当時を知る世代には懐かしく、昭和を知らない世代には新鮮な驚きをもたらすであろう。その半世紀前の活気や混沌、そして夢と可能性に満ちた日々が、ページから再び息づく。心躍る昭和の熱気をぜひ！

明治の文人が語った「江戸の名残」
消えゆく「江戸」の「記憶」が鮮やかに蘇る50編
江戸の記憶編集工房 編
本体 3,000円

忘れ去られようとしていた「江戸」を回顧し、再生を願う機運が高まった大正・昭和初期には、江戸文化の研究雑誌類が数多く発行された。これらの雑誌掲載論稿を中心に、江戸の暮らし・文化の実態を直接見たか、親兄弟から聞いたなど、「当事者」に近い人々が書いたものや話したものを集めて編集したアンソロジー本。図版85点を収録。

弥彦と啄木
日露戦後の日本と二人の青年
内藤一成 著
本体 2,700円

上流階級の出身で東京帝国大学学生という恵まれた環境にあった「三島弥彦」、高等教育機関への進学の道を閉ざされ、生活に追われる「石川啄木」。同じ年（1886年）に生まれた二人の青年の明治41年（1908年）の日記を1月から12月まで時系列に沿って引用し、彼らの言動を歴史学的アプローチで分析し、政治・経済・社会・文化など、さまざまな角度から日露戦争後の時代の雰囲気や空気感を伝える。